출근도 하고
공부도 했다

출근도 하고 공부도 했다

김형준 지음

"이 길이 맞을까?" 오늘도 퇴근 후
고민하는 당신을 위한 단 한권의 책!

– 평범한 직장인의 노무사, 손해사정사
직장병행 합격 노하우

한국학술정보

서문

평범한 직장인의 전문직 도전, 현실적인 이야기

유능한 분들의 타 수험전략 도서에서의 자기 계발적인 차원의 이야기는 여기서 말하지 않겠다.

타인에게 자기 계발을 위해 조언하려면 걸출하게 똑똑하고 사회적으로 성공한 사람의 입장이어야 할 텐데 필자는 그런 조언을 할 만큼 똑똑한 사람도, 성공한 사람도 아니다.

단지 '평범한 사람'인 필자가 직장병행으로 합격을 하자, 직장인들이 수험에 대해 수없이 많이 질문하고 관심을 주는 것을 보며 직장병행 수험경험과 수험에 도움이 되는 방법을 써보고 싶다고 생각하게 되었다.

직장병행을 하거나 하려는 직장인이 이 책을 통해 필자가 겪었던 시행착오를 겪지 않고, 힘든 직장병행의 길을 조금이나마 원활하게 갈 수 있도록 도움이 되기를 바란다.

행정고시 불합격 후 7급 공무원 합격, 노무사 합격, 손해사정사 합격까지 실패와 합격을 거치며 보통 머리의 평범한 직장인이 직장병행으로 수험생활을 하는 길에 관해 얘기해 보겠다.

추천사

직장 생활과 수험 생활을 병행하는 이들에게 권하는 책입니다.

시간 관리부터 멘탈 관리까지, 합격을 위해 반드시 지켜야 할 직장 병행 수험의 정석을 담았습니다.

저자의 생생한 경험담은 막막한 수험 생활에 확실한 방향을 제시해 줄 것입니다.

– 변호사 서준수

평범한 직장인이 수많은 시행착오 끝에 터득한 합격 비결을 체계적으로 정리한 수험 지침서입니다.

노무사와 손해사정사 자격을 취득하기까지의 과정이 진솔하게 그려져 있습니다.

새로운 도전을 꿈꾸지만 현실적인 제약으로 망설이고 있는 분들에게 일독을 권합니다.

– 공인노무사 황기영

목차

제1부

직장병행 수험 합격자 Q&A

1. "회사 일이 편하셨나요?"

직장병행으로 수험하다 보면 일이 편하니 공부할 여건이 된다는 핀잔을 많이 들을 수 있다. 업무시간에 딴짓한다는 둥, 월급 루팡이라는 둥 등등…

그런 말을 하는 사람들에게 묻고 싶다. 저녁이나 주말에 뭘 하는지? 넷플릭스 유튜브를 보거나 사람들과 어울려 재밌는 얘기를 한다거나 푹신한 침대에서 잠을 잔다거나 등등 시간을 흘려보내는 것 아닌가?

물론 그런 시간도 분명 소중하고 필요한 시간이다. 직장인들이 하루 종일 일을 하고 집에 돌아와서는 여가생활을 즐기며 편안하게 쉬며 체력을 회복해야 그다음 날 업무도 열심히 할 수 있다.

직장병행 수험생도 마찬가지이다. 근무 여건에 따라 다소 편한 직장일 수도 있고 아닐 수도 있지만 어쨌든 하루를 일터에서 보낸다면 집에 돌아와서는 쉬고 싶은 건 동일하다.

그럼에도 편안한 시간을 포기하고 꿈을 위해서, 목표를 위해서 저녁이나 주말에 책상에 앉아서 머리를 싸매며 공부하는 것이다. 이런 직장병행인들에게 '너는 일이 편하니 가능한 거야'라며 핀잔을 주고 평가절하하는 건 그릇된 생각이지 않을까?

평일 저녁에 잠을 자거나 웃고 놀면 쉽게 지나가지만, 공부가 됐든 운동이 됐든 무엇이 됐든 더 나은 상황을 위한 목표를 설정하고 매진하는 사람에게 있어 시간의 농도는 다르다.

직장병행 수험생활은 현재 직장의 일이 쉽고 편해서 한번 자격증이나 따볼까? 하는 사람의 비중보다 현재보다 더 나은 직장으로 옮기고 싶거나 미래를 대비하기 위해 도전하는 사람의 비중이 훨씬 더 크다. 생각해 보라, 현 직장이 편하고 만족이 되는데 굳이 다른 곳으로의 이직을 왜 생각하겠는가. 현재의 상태에 불만이 있기 때문이다.

필자가 이 책을 집필하던 시점에서도 주변 동료 한 분이 직장병행으로 다른 공무원 직렬에 합격하여 떠나게 되었다. 그분도 현 직장을 몹시 떠나고 싶어 하셨고 그만큼 좋은 결과가 있었다.

2. "왜 굳이 직장병행 수험을 택하셨나요?"

직장병행을 통해 자신의 현재 상태를 개선하거나 다른 방향으로 삶을 전환해야겠다는 굳은 결심을 하는 데는 현재 직장이 쉽고 편해서가 아니라, 더 좋은 직장으로 이직하고 싶은 마음이 간절한 사람이 대부분일 것이다.

필자도 공무원으로 근무하면서 직장병행을 하게 되었고 세간의

'공무원은 편하다'라는 인식과 달리 중앙부처 소속 공무원 특성상 정말 바빴고, 야근도 많았다.

그럼에도 나름대로 업무를 통한 보람도 있었고 함께하던 동료들은 대체로 다 좋은 분들이 많았다.

다만, 필자의 가치관과 지향점 때문에 노무사를 공부하게 되었다.

낯간지러울 수 있는 얘기이지만, 필자는 어렸을 때부터 사람들에게 도움을 주는 것을 좋아했었고 공무원이 됨으로써 공익적 가치의 실현을 통해 많은 사람에게 도움이 되는 사람이 되고 싶었다. 하지만 공무원은 한계가 명확했고, 또한 공조직에 들어와 보니 상당한 기간을 거쳐 고위직에 가지 않으면 수직적인 구조 속에서 개인의 역량과 노력으로 가시적인 성과를 내서 성취감과 보람을 느끼기에는 한계가 있어 보였다.

그래서 차라리 거시적인 정책 수립과 집행 업무보다는, 한 사람 한 사람 개개인들에게 도움을 줄 수 있는 근로감독관의 업무가 성취감과 보람을 더 효율적으로 달성할 수 있을 것으로 보였다.

그렇기에 노무사 시험에 합격한 이후 고용노동부 근로감독관으로 전출하여 어려운 근로자들, 난처한 상황에 처한 사용자들 등에게 도움을 주는 길을 택하기로 결심하였다.

3. "공부 기간은 얼마나 걸렸나요?"

노무사 수험시장을 보면 특히나 다른 수험시장보다 유독 수험기간을 줄이려 하는 행태가 많이 보이는데, 개인적인 생각으로는 고개가 갸우뚱거려진다.

노무사 과목은 세무사나 법무사, 관세사 등 타 전문직보다는 의도적으로 공부하지 않더라도 사회생활을 하면서 자연스레 접촉할 기회가 많아, 어느 정도 소양이 자연히 갖추어지는 과목들이다.

손해사정사만 보더라도 그렇다. 필자는 노무사 공부를 할 때는 이해가 안 되어 좌절하는 경험이 없었는데 손해사정사 공부를 할 때에는 과목이 워낙 생소하여 시험 직전까지도 이해가 되지 않는 내용들이 있을 정도로 힘들었다.

하지만 노무사 과목은 대학교 때 인문계열이라면 법학, 행정학 전공이 아니라도 교양수업 때 간접적으로 접해봤을 내용들이 많고, 근로자가 되어 사회생활을 하다 보면 알음알음 알게 되기도 하는 등 성인이 되는 과정에서 어느 정도 기본 소양이 만들어진다.

이렇듯 노무사 과목 자체의 진입 난이도는 타 전문직에 비해서는 낮지만, 대부분의 수험 판에 뛰어드는 사람들은 정말 어린 사람을 제외하고는 '노 베이스'란 없다고 봐야 한다.

타 시험 준비 경력이 있든가, 대학원을 나왔든가, 회사 생활을 했다든가 등 노무사 과목은 접점이 될 수 있는 분야가 워낙 많다. 그렇기에 단기간에 노무사 합격을 하는 분들 보면 기존 소양이 갖추어진 경우가 많으므로 '단기 합격'이라는 분들의 말을 믿고 '나도 노 베이스지만 단기간 합격하겠지' 하는 마음으로 수험 판으로 가볍게 뛰어드는 불상사는 없었으면 하는 바람이다. (물론 정말로 천재적인 사람이어서 노무사시험을 완전 노 베이스에서 몇 개월 만에 합격할 수는 있다. 예외는 있으니까.)

따라서 진위 여부도 불확실한 '노 베이스 생동차 단기 합격 수기' 같은 것을 보고 본인도 그런 생동차 합격을 꿈꾸며 선불리 진입하기 보다는 장기간의 레이스가 될 수 있다는 각오를 하고 진입해야 한다.

특히나 직장병행이라면 상당한 계절변화를 독서실에서 보낼 각오를 하고 진입해야 하지 단기 합격'만'을 목표로 진입했다가는 금세 벽에 부딪혀 실망하고 포기하게 될 수 있다. (물론 마음가짐 자체는 단기 합격을 목표로 가열 차게 공부해야 하는 것이므로, 단기 합격'만'을 목표로 해서는 안 됨을 말한다)

4. "00시험 경력이 있는데 노무사 시험에 도움이 될까요?"

필자도 과거에 행정고시 수험경험을 길게 하였고, 그 후 5년 뒤 노무사 수험을 시작하게 되었다. 행정고시 공부할 때 배웠던 지식이 거의 휘발된 상태이기는 했으나 경제학과 행정법은 추후 노동경제학과 행정쟁송법 공부를 할 때 큰 도움이 되었다.

하지만 가장 덕을 본 건 관련 지식보다는 '어떻게 공부해야 하는지', '어떻게 해야, 실패하지 않고 합격에 도움이 되는지' 하는 논술형 시험을 공부했던 경험 그 자체였다.

필자가 공무원이다 보니 필자에게 공부 방법을 물어보는 사람들은 대부분 공무원이거나 공기업 분들이었다. 그리고 그런 분들은 꼭 본인들의 수험경험이 노무사 공부에도 긍정적 도움이 될 것으로 생각하셨다.

일단 어떤 시험이든 통과하여 합격했다는 경험 자체는 매우 중요하다. 성공의 경험과 기억은 '자신감'을 넣어주니까. 또 열심히 했다는 가정하에 수험경험이 있다는 것 자체로도 '끈기'가 있다는 것이므로, 앞으로의 수험생활을 헤쳐 나가는 데 도움이 될 것이다. 공부를 해본 사람과 안 해본 사람은 공부 습관을 잡는 데 걸리는 시간을 단축하고, 공부 방법에서의 시행착오를 줄이는 것에서 차이가 날 수 있다.

하지만 객관식 공부에 합격했다는 것이 곧 주관식 시험의 합격으로 직결되는 건 아니니다.

7급 이하 공무원 시험이든 공기업 NCS를 통과했든 객관식 공부와 주관식 공부는 방향성이 다르다. 전자의 경우 넓고 얕게 공부해야 한다면 후자의 경우 상대적으로는 좁고 깊게 공부해야 한다. 주관식 공부에서 지나치게 양을 늘리는 것보다는 아는 것을 정교하게 쓰는 게 중요하다.

이런 객관식과 주관식의 차이에 대해 이해하고 수험에 진입해야 한다. 따라서 '00시험에 합격했으니 노무사 시험에 합격하기가 수월하겠느냐'라는 질문에 대한 답은 "도움이 될 수도 있고 안 될 수도 있다." 정도로 조심스럽다.

5. "노무사와 손해사정사를 택한 이유?"

1) 노무사, 직장인의 현실적인 선택

필자가 공무원으로 재직하면서 노무사 시험에 합격했을 때 몇몇 분들에게서 노무사를 택한 이유가 전문직 중 그나마 수월해서냐는 질문을 종종 받았다.

행정고시에서 떨어진 후 7급 공무원 시험에 합격하여 근무하던 때에 불만도 있었지만 나름대로는 대체로 만족하고 있었다. 처음에는 단순히 자기 계발 차원에서 무언가를 따보자고 생각하며 다른 자격증도 생각해 보았으나 합격했을 때 성취감이 높게 들 수 있는 자격증을 고민하였다.

사실 어렸을 때부터 남을 도와주고 고마움을 받고 하는 걸 좋아했고 공무원을 직업으로 택한 것도 다수의 사람에게 도움을 줄 수 있다는 것을 기대했기 때문이다.

그러한 업무의 이타적 성질을 기준으로 찾다 보니 전문직 중에서는 변호사와 노무사로 추려졌다. 모든 전문직이 결국은 고객에게 도움을 준다는 점에서 동일하나, 특히 변호사와 노무사는 자신에게 찾아온 사람들의 억울함, 걱정을 들어주고 그들이 직면한 부당함을 시정해 주기 위해 고군분투하면서도 해결할 수 있는 힘을 가진 직군이라 보였다.

고민 끝에 결국 노무사를 선택하게 되었다. 물론 다시 어릴 때로 돌아갈 기회가 주어진다면 행정고시 준비가 아닌 로스쿨 준비를 해서 변호사를 하고 싶은 마음도 있지만, 현재 상황상 로스쿨은 나이, 소득 등 리스크가 너무 컸다.

그렇게 결정을 내고 노무사 수험 공부 돌입 전, 노무사에 대해 직업탐구를 했다. 사실 노무사 시험을 공부하기 전에는 노무사라는 직업을 알지 못했고 뒤늦게 알게 되었으나 노무사라는 직업은 알면 알

수록 참 매력이 있는 직업이었다.

우리 사회 대부분의 사람은 근로자나 사용자가 되어 노동시장에 들어오게 된다. 그 속에서 살아가는 많은 사람이 빈도나 강도는 다르겠지만 부당함, 억울함을 겪게 되는 경우가 있다. 이런 사건들은 부당해고, 임금 체불, 직장 내 괴롭힘 등등 다양한 형태가 있으며 간혹 어떤 사람들에게는 인생이 흔들릴 정도로 강도 높은 사건이 발생하기도 한다. 그런 힘든 일을 마주하게 되어 당혹스러워할 때 옆에서 부축해 주고 도와주며 올바른 방향으로 이끌 수 있는 힘을 가진 직업이 노무사라 생각한다.

2) 손해사정사, 한 단계 더 높은 도약

노무사를 합격하고 난 후 '수험생활은 이제 안 해야지'라고 마음을 먹었으나 시간이 지나고 체력이 어느 정도 다시 회복되자 전문성에 대한 욕심이 커졌다. 물론 노무사 하나만으로도 충분히 전문성을 쌓을 수 있고 또 아직 경력이 적어 노무사로서도 전문성이 높은 상황은 아니었다.

그럼에도 아래에서 말하는 이유로 노무사 업무 중 하나인 산업재해분야에 대해 특히 전문성을 쌓고 싶은 마음이 들어 관련 자격증인 손해사정사를 공부하기로 했다.

노무사 업무는 근로기준법과 노동조합 관계법을 필두로 한 노동사건들이 핵심이지만 근로자들이 근로하다 발생하게 되는 재해에 대한 처리와 보상 업무 역시 핵심이라 생각한다.

취업하여 회사에서 일을 하다 보면 사고나 질병에 걸릴 위험은 항상 도사리고 있다. 불행하게도 그런 상황은 언제든 발생할 수 있고 발생하면 한 개인이 인생에서 겪는 큰일이 될 수 있으며 거기서 발생하는 불안과 걱정, 생계적 곤란함은 이루 말할 수 없을 것이다. 그런 상황에 처해 당혹스러워할 때 도움을 주며 그 짐을 덜어준다면 거기서 얻는 감사함과 보람, 성취감도 매우 클 것이다.

이러한 연유로 산재 쪽에 관심을 가지게 되면서 손해사정사라는 직업을 발견하였다. 손해사정사가 있으면 공보험 분야인 산재보험을 좀 더 깊이 있게 다룰 수 있고, 근재보험 등 사보험 분야에서도 전문성을 키워 사용자나 근로자들에게 다른 방면으로 도움을 주는 것도 가능하다는 사실을 알게 되었다. 즉, 더 많은 사람을 도울 수 있는 기회를 얻을 수 있다는 점에서 손해사정사는 매력적인 선택이었다.

또한 이제 보험은 사람에게 필수재에 가깝고, 보험시장은 고령화 사회에서 성장 가능성이 있는 몇 안 되는 시장이기 때문에, 그런 분야의 전문 자격증을 보유하는 것은 개인적인 성장 측면에서도 가치가 있다고 생각했다.

제2부

직장병행 시작 전,
독해져야 할 당신에게

1. 월급 루팡? 아니, 1인분은 해내고 공부 시작하라

직장병행을 하는 사람들에게 피할 수 없는 비판은 '공부하느라 직장에서 업무를 소홀히 한다.', '정신을 다른 데 팔고 있어서 업무를 제대로 하지 않을 것이다'와 같이 업무수행을 문제 삼는 것이다. 이러한 비판을 회피하기 위해서라도 직장에서 1인분은 하면서 공부를 병행해야 한다.

하지만 각양각색의 사람이 있으니 현 직장에 대한 불만으로 병행을 준비하는 사람 중에는 분명 업무를 의도적으로 회피하고 누락시키면서 공부하는 경우도 있을 것이다.

이러한 사람들이 존재하기 때문에 직장병행을 한다는 걸 직장에서 알게 되면 비록 일을 열심히 하는 직장병행인이라도 사람들이 색안경을 끼고 보게 될 것이다. 그래서 필자는 직장병행 공부를 한다는 것을 직장에 알리지 않는 걸 추천하는 입장이다.

필자도 그런 안 좋은 시선을 혹시라도 받는 게 싫어서 회사에서 아무도 필자가 공부하는 상황이라는 걸 눈치채지 못할 정도로 일과 시간에는 열심히 일을 했다. 조심스러울 수 있지만 1인분은 했다고 생각한다.

물론, 이건 국가직 공무원 직업 특성상 영업직과 달리 적극적으로 움직이지 않고 가만히 있어도 일이 밀려들어 오다 보니 안 할 수가 없었기 때문이기도 하지만, 직장병행 중 민족 대행사인 설날, 추석 명절마다 문제없이 전국 우체국 물류망을 운영했고, 20년 된 복지 시스템 재구축, 직원 복지몰 신규 런칭 등 사내 복지 제도 개편을 많이 이루었으며 내부 노조 대응 업무도 여러 이슈는 있었지만, 특별한 문제는 없는 등 열심히 1인분 이상을 하려 노력했다. (물론 필자만의 힘이 아니라 같이 업무를 한 동료 직원들과 함께했다.)

어쨌든 직장 일을 도외시하고 다른 동료 직원에게 피해를 주며 공부하는 사람의 경우에는 합격하더라도 직장에서 많은 사람에게 축하를 받기 힘들다. 직장병행인이면 꼭 공부처럼 업무도 열심히 하면 좋겠다고 생각한다.

2. 수험에 지쳐 휴직을 고민하는 당신에게

필자는 일단 휴직할 수 있는 여건이 되지 않아 휴직 없이 직장병행 합격을 하였다. 하지만 직장병행 합격했다는 사람들을 보면 거의 다 시험 전에 휴직하였었고, 반면 휴직 없이 직장병행 하던 사람들은 거의 다 중도하차를 하였다.

즉, 휴직은 좋은 선택이니 여건상 가능하다면 휴직을 적극적으로 고려해 보는 것을 추천한다. 그렇지 않으면 직장병행 수험의 난이도는 정말 어려워진다. 직장병행을 편하게 할 수 있는 사람은 없다. 편하게 하는 사람이 있다면 셋 중 하나다. 무늬만 수험생이든가, 월급 루팡 중이라든가, 아니면 가족경영 회사이든가.

평범한 직장인이라면 하루 업무를 마치고 퇴근 후 7~8시까지 집에 가면, 이후부터는 저녁 먹고 씻고 티비 보고 침대에 눕는 등 푹 쉬는 시간이다. 그러나 직장병행인이라면 퇴근 시간이 지났음에도 최소 4시간은 더 업무를 해야 하는 상황과 비슷하다.

하루 종일 일하고도 남들 쉴 때 쉬지 못하고 딱딱한 책상에 앉아 머리를 싸매며 공부하다 보면 '악!' 소리가 저절로 나올 때가 있다. 그만큼 직장병행은 힘들다.

그렇기에 본인이 다니는 회사 규정상 개인적인 사정으로도 휴직을 낼 수 있는 제도가 있다면 직장병행을 고집하지 말고 휴직을 내서 전업으로 공부하는 것을 추천한다.

물론, 휴직을 하면 월급이 없어 생활이 어려워질 수 있고 또 설사 회사에 개인 휴직 제도가 있더라도 사용하는 순간 승진에 밀리거나 눈치를 받게 되는 문제가 있을 수 있다. 이 때문에 많은 사람이 직장병행을 할 수밖에 없기는 하다.

그럼에도 가능성 측면에서 보면 전업 수험생이 직장병행 수험생보다 훨씬 높고, 체력적으로도 부담이 훨씬 적으므로 휴직제도를 활용할 수 있는 여건이 되는 상황이라면 휴직을 추천한다.

다만 휴직하더라도 1차 시험 합격도 준비가 안 된 상황에서 할 것은 아니고 최소한 1차 시험 합격 후 2차 준비도 어느 정도 진행되어 붙을 가능성이 있다는 판단이 들 때 하기를 바란다. 1차 합격도 안 하거나 2차 시험도 전혀 준비해 보지 않은 채 휴직을 내는 것은 리스크가 너무 크다.

3. 시험일 직전, 당신의 연차는 '전략'이다

수능이든, 행정고시든, 노무사든, 손해사정사든, 7급이든 여러 시험을 준비해 보고 합격도 하고 불합격도 해보았지만, 시험 직전 일주일이 정말 중요하다.

예전에 행정고시 강사분이 말씀하시기를 '몇 년 동안 준비를 하더라도 결국 당락은 시험 직전에 준비를 어떻게 하느냐에 따른다'라고 했고, 또 출처는 기억나지 않으나 '1년 동안 시험준비를 한 이유는 바로 그 시험 직전에 공부할 내용을 준비하는 것이다'라는 말이 있기도 했다.

그만큼 시험 직전 며칠 동안은 시험에 오롯이 집중을 해서 그동안 공부했던 내용을 총정리하여 머릿속에 집어넣어야 한다.

직장병행인은 업무시간에는 공부할 여건이 되지 않으므로 시험 직전에는 어쩔 수 없이 연차를 사용해야 한다. 하지만 필자의 경우처럼 연차 사용이 불가한 경우도 있다.

노무사 시험에 3차 도전하던 당시 필자는 전국 물류망을 관리하는 담당이었다. 세 번째 도전은 정말 마지막 도전이라 생각되는 상황이었기 때문에 마음 같아서는 월~금까지 연차를 사용하고 싶었지만, 하필 그때가 추석 명절 대목이었고 담당으로서는 절대 자리를 비울 수 없는 상황이었다. 그렇지만 아무리 생각해도 시험 직전 최소 이틀은 공부시간이 확보되어야 목요일에 전 과목 정리, 금요일에 토요일 시험과목 정리, 토요일에는 일요일 시험과목 정리가 될 것 같았다. 결국 그동안 비밀로 했던 수험 준비에 대해 같은 부서 계장님과 사수 주사님께 조심스레 목금 이틀만 염치 불고 연차 사용을 하겠다고 말씀을 드렸다. '담당이 지금 시기에 어딜 쉬려고!'라고 하면 어쩌지? 했으나, 다행히 인복은 있는지 오히려 두 분 다 대단하다며 고생한다고 격려를 해주시고 이번 주 동안은 절대 연락을 안 할 테니 공부에 매진하라고 배려해 주셨다. (그 말을 듣고 눈물이 날 뻔했다) 다행히 말씀대로 목~일까지 연락 한 통 주시지 않았고 덕분에 마음 편하게 공부에만 매진해서 좋은 결과가 있었다. (다만, 그다음 주에 출근하고 안 사실이지만 아무 일이 없어서 연락 한 통을 주지 않은 것이 아니었고 계장님은 사고가 나서 수술도 하시고, 사수 주사님은 혼자 정신이 없으신 상황이었다) 두 분께는 정말 감사하며 법률 저널 합격 수기에서도 감사함을 전하였고 아직도 친하게 지내고 있다.

직장병행인이라 하더라도 시험 직전에 최소 넉넉히 4일, 정말 최소한 2일은 연차를 사용하기를 추천하며 막판에 전체 정리를 꼭 하기를 바란다. 물론 필자의 경우보다도 더 연차 사용이 불가피할 것 같은 상황이 있을 수 있다. 어떤 분은 감사관실에서 근무하셨는데 하필 그때 감사 출장 기간과 겹치면서 시험을 못 가는 안타까운 경우도 있었다. 그런 사례도 있으니 일정 조율의 여지가 있다면 미리 해두거나 마음의 준비를 해둘 수밖에 없다.

4. 마음은 단기 합격을, 준비는 장기적으로

많은 수험생이 수험을 시작할 때는 '단기 합격'을 목표로 시작한다. 이 배경에는 학원가에서 소위 '생동차 합격'이라는 마케팅을 많이 사용하고 있고 합격자 수기들에서도 수험기간을 단축하는 경향이 많은 데 있다.

물론 사법고시도 1년 만에 합격하는 사람이 있으니, 노무사도 정말로 1년 안 걸려서 합격하는 사람이 있을 수도 있다. 하지만 인터넷에 보면 상당히 많은 수의 합격 수기들이 1년 차라며 돌아다니고 있고 진위는 알 수 없으니, 이러한 수기를 보며 공부 방법을 참고하는 건 좋으나 수험기간을 맹신하고 오로지 '단기 합격'만 목표로 진입하는 건 위험하다.

수험을 직접 해본 사람으로서 솔직하게 말하자면 최근 노무사 시험은 경쟁률 상승으로 인해 20대 초반의 젊은 나이에 합격한 것이 아닌 이상 생동차 합격이라면 대부분 허구가 많다. 20대 후반 이상이면 어떤 식으로든 노무사 과목에 대해 이미 노 베이스 상태가 아니라 다른 시험 구력이 있거나, 아예 수험기간을 줄여 말하는 허위 과장일 가능성도 있다. 이유는 책 처음에서 얘기했듯 노무사 시험과목 특성상 공무원 시험, 타 자격사, 대학교 공부 등과 연계가 되기 쉽고, 사회생활을 하다 보면 자연스레 접하기 쉬운 과목 특성 때문이다.

따라서 그러한 수기들을 보고 단기 합격만 목표로 진입했다가는

1~2년 뒤에 벽을 느끼고 시간은 시간대로 쓰고 돈은 돈대로 쓰고 포기하게 되는 불상사가 발생하게 되므로 1년 만에 끝내겠다고만 생각하면 안 된다.

혹시나 해서 말하자면 단기 합격을 목표로 하지 말라는 것은 아니다. 수험을 가볍게 도전하지 말고 장기 플랜도 염두에 두어야 한다는 말이다. 당연히 어느 시험이든 오래 끌 생각하지 말고 단기간에 합격하겠다는 각오로 총력을 다해 열정적으로 공부를 해야 한다. 다만, 1년 만에 끝내면 되지, 하는 가벼운 진입을 말리는 것이니 오해 말길 바란다.

5. 항상 공부하는 습관, 직장병행 합격의 '시작'과 '끝'

직장병행 시 마주하게 되는 가장 큰 문제가 두 가지가 있다.

첫 번째는 공부시간이고, 두 번째는 귀찮음이다. 이에 대한 해결책을 한가지 말하자면 '습관'을 들이는 것이다.

1) 공부시간을 확보하려는 '습관'

먼저, 공부시간 확보부터 살펴보자. 시간 없는 직장병행인은 아침 시간과 점심시간의 자투리 시간과 퇴근 후 저녁 시간, 그리고 주말을 최대한 공부시간으로 확보해야 한다. 여기서 매우 스트레스를 받는다.

직장을 다니니, 일과시간에는 업무에 집중해야 함에도 공부에 대한 압박은 압박대로 받고 공부시간은 공부시간대로 제대로 확보되지 못해, 이러한 내적 마음과 외부 상황 간의 괴리감으로 스트레스가 발생한다.

이를 해결하려면 그러한 공부시간 부족 상황에서 공부하는 '습관'을 들이는 것이다. 어디서나 쉽게 들었을 말이기는 하나 정말 중요하다.

운전면허 시험도 아니고 전문직 시험은 장기 레이스가 될 수밖에 없다 보니, 공부시간 부족에 따른 스트레스는 지속해서 발생할 수밖에 없다. 하지만 이 스트레스 역시 피곤한 몸을 이끌고 공부를 해야 한다는 압박에서 오므로, 공부하는 습관을 들이면 자연스럽게 피곤해도 몸이 움직여 책상에 앉아 공부하게 되면서 '공부해야 하는데…' 라는 내적 갈등에서 오는 압박이 줄어든다.

오히려 아침과 점심, 저녁, 주말은 공부에 집중하고 일과시간에는 일에 집중하는 습관이 형성되면 일과시간에 공부를 하지 못해 스트레스가 발생하는 것이 아니라 전업 수험생처럼 계속 공부를 하지 않아도 된다는 생각에 오히려 일과시간이 즐거워진다.

실제로 필자는 사람들이 '성격이 좋다, 해맑다, 잘 웃는다.' 이런 말을 많이 들을 정도로 밝아 보였는데 그만큼 직장병행 중에도 일과시간에는 스트레스가 별로 없었다.

일과시간에는 일에 집중하고, 자투리 시간이나 저녁과 주말에는 당연하다는 듯 공부를 하는 '습관'이 들게 되면 공부해야 한다는 압박과 스트레스를 많이 줄일 수 있고 오히려 더 많이 공부할 수 있다.

2) 항상 책상에 앉는 '습관'

직장병행을 하다 보면 일하랴 공부하랴 하면서 아침에는 잠을 더 자고 싶고, 점심에는 엎어놓고 쉬고 싶고, 저녁에는 침대에 누워있고 싶어진다. 힘든 몸을 일으켜서 책상에 앉기까지의 노력은 직접 직장병행 수험을 해보지 않는다면 이해하기 힘들 것이다.

직장병행을 마음먹고 알아보는 초반 시기에 있는 대부분의 사람은 자신감이 한창 차올라 있어서 퇴근 후 책상에 앉아 공부한다는 것이 얼마나 힘든지 모른다.

필자 지인 중에 직장병행으로 공인중개사 시험을 준비하는 사람이 '네가 노무사나 손해사정사 시험에 합격한 것을 축하는 했지만 이렇게 직장병행이 힘들 줄 몰랐다. 내가 공인중개사 시험을 공부하니 이제야 이게 얼마나 힘든지 알겠다'라는 말을 했듯이 일 다니면서 책상에 앉는 것은 정말 큰 인내와 결심이 필요하다. 거의 매일 매일이 쉴 것이냐 공부할 것이냐? 하는 '나'와의 싸움이다.

이러한 나와의 싸움에서 매일매일 이기고 책상에 앉으려면 방법은 앞에서 말했듯 공부하는 습관을 들이는 것이다. 습관을 들여놓으면 몸을 눕히고 쉬고 싶다는 생각을 머릿속에서 하고 있더라도 몸은 자동으로 앉아서 공부하고 있게 된다. 일단 책상에만 앉게 되면 어찌어찌 공부는 하게 된다.

필자 생각에는 공부 습관을 들여놓는 데 걸리는 기간은, 아예 공부를 손 놓은 지 오랜 사람이면 2주 정도 노력을 해야 어느 정도 직장병행 생활에 적응이 될 것 같고, 3개월 정도면 아무 생각 없이 직장병행 생활을 하는 습관을 들이게 될 것으로 사료된다. 그 초반 2주 동안은 책상에 정말 앉기까지 힘드나 2주를 넘어 3개월이 지나면 힘들다고 '악!' 소리를 내면서도 어느새 책상에 앉아 공부하고 있는 자신을 발견하게 될 것이다.

그러니 이 글을 읽고 직장병행 하는 분들께 말하자면, 일하면서 공부하는 건 당연히 힘들다. 그럼에도 3개월, 딱 3개월 정도 일-공부-잠으로 루틴화를 하면서 습관을 들이면 초반 3개월 기간에 느낀 것과 달리 생각보다는 직장병행이 '어 할 만한데?'라고 생각될 것이다.

6. "진짜 합격하고 싶은가?" 스스로에게 던지는 칼날 같은 질문

직장병행은 필자와 같은 평범한 사람이 하려면 정말 많은 걸 포기하고 지쳐가는 힘든 과정이기 때문에 위에서 말한 것처럼 습관을 들인다고 해도 쉽지 않다.

합격하고 나니 어떻게 알았는지 연락을 주셔서 수험방법을 물어보는 분들이 많았고 실제로 만나서 얘기도 해보았다. 그 외에도 주변 지인 중에서 수험을 시작하는 분들도 있었다. 그렇게 여러 예비 수험생을 만나보니 수험을 하지 않는 게 맞지 않나 싶은 사람들도 일부 있었다. 그런 분들 공통점은 '절박함의 부재'였다. 노무사 시험이 전문직 중에서는 난이도가 높은 편이 아니나 컴퓨터활용능력 시험이나 운전면허 시험도 아닌데 너무 쉽게 생각하고 수험을 마음먹은 분들이 있었다. 더구나 전업도 아니고 직장병행으로 말이다.

직장병행을 하다 보면 가족, 연인, 친구, 직장, 개인 건강 등 수험 외 부분들과 충돌이 발생하기 쉽고 그럴 때마다 '이런 스트레스까지 감내하면서 굳이 직장병행을 계속해야 하나?' 하는 마음이 들며 수험에 부정적인 마음이 들기 쉽다. 그럴 때 직장병행을 중도 포기하지 않으려면 '이 시험을 반드시 합격하고 말겠다.'라는 절박함이 있어야 한다.

비록 설사 불합격하더라도 열심히 공부하는 과정에서 얻게 되는 지식, 인내, 끈기를 얻을 수 있고 다른 시험을 도전하든 직장에서 업무를 하든 도움이 될 수도 있다. 하지만 합격했을 때의 그 성취감, 보람 등은 불합격한다면 절대 얻지 못하는 것이다.

합격을 위한 힘든 여정을 완수하기 위해서는 '현재의 나를 넘어서 더 나은 나로 가고 싶다'라는 그런 절박함이 필요하다.

7. 모든 일상의 1순위는 '공부'

직장병행으로 합격하려면 모든 행동과 생각의 1순위는 공부가 되어야 한다. 행정고시나 사법고시도 아닌데 뭘 그렇게까지 해야 하나? 생각할 수도 있지만 평범한 사람은 그렇게 해도 될까 말까이다.

잠을 좀 더 자고 싶다든가, 친한 동료들과 수다 떨고 싶다든가, 친구랑 술 한잔하고 싶다든가, 하는 등등은 모두 후 순위로 두어야 한다. 처음에는 스트레스를 크게 받을 수 있지만 계속해서 공부를 1순위로 생각하는 '습관'을 들이다 보면 자연스레 공부가 1순위 되는 삶에 적응하게 된다.

공부가 모든 일상의 1순위가 되면 시험이 끝나는 날까지 묘한 긴장감이 유지된다. 이 긴장감이 지속해서 유지되어야 몸이 힘들더라도 책상에 앉으러 갈 수 있고 공부의 집중도와 몰입도가 높아질 수 있으니, 장점도 있다. 필자도 그런 긴장감을 오랜 시간 느꼈고 스트레스도 있기는 했지만, 대신 시험이 끝났을 때의 해방감은 절로 콧노래가 나올 정도로 무척이나 좋았다.

8. '귀찮은 것을 해라'–공부하기 싫을 때 당신을 채찍질하는 마법의 주문

직장병행을 하다 보면 아무리 열심히 하려 해도 '놀까 공부할까?', '쉴까 공부할까?' 등 머릿속이 복잡해지는 내적 갈등을 직면하게 된다. 이때 머릿속을 단순하게 정리해서 책상 앞으로 갈 수 있어야 한다.

이를 위해 필자는 1가지 규칙을 정하여 지키려 노력했다. 그 규칙이 '귀찮은 것을 해라'이다.

십중팔구 귀찮은 건 공부이다. 누워있는 것보다는 책상에 앉아 공부하는 게 더 귀찮고, 친구들과 먹고 마시며 노는 것보다는 책상에 앉아 공부하는 게 더 귀찮다. 악마의 유혹처럼 사람 마음은 눈앞의 편함과 즐거움에 기울게 되므로 그러한 유혹을 뿌리치기 위해 더 갈등하지 않고 '귀찮은 걸 해라'라는 규칙을 생각하며 책상에 앉았다. 일단 책상에 앉고 나면 불과 몇 분 전에 '놀까 공부할까?' 하던 마음은 사라진다.

그런 날은 오히려 유혹을 뿌리쳤다는 스스로가 대견해서 그런지 더 공부가 잘 되기도 했다.

반드시 '귀찮은 걸 해라'라는 규칙을 정해서 공부하라는 것은 아니다. 이를 참고해서 수험에 도움 되지 않는 '누워있고 싶다.' 등의 유혹에 빠지지 않고 공부할 수 있는 행동강령을 하나 만들어두기를 바란다.

제3부

시작했으면 이기자, 직장병행 수험 가이드

1. 스터디, 당신의 '발판'이 될 수도 있다

노량진 공시생 스터디, 토익 스터디 등의 여러 스터디를 보면 지나치게 스터디에 의존하거나 인간관계 문제가 생겨 오히려 수험의 '발목'을 잡는 경우가 많다.

필자도 원래는 스터디란 것을 전혀 하지 않았지만, 노무사시험 준비를 하면서 수험'만' 목적으로 하는 온라인상 스터디만 하였는데 큰 도움을 받았다.

본인이 정말 의지가 강하여 혼자서도 집중과 몰입을 잘하는 스타일이 아니라면 스터디를 이용할 것을 추천한다. 좋은 스터디를 하게 되면 수험정보도 공유하고, 상호 공부 진도가 체크되는 등 직접적인 도움도 있을 뿐 아니라 수험에 대한 몰입을 훨씬 잘할 수 있다.

사회와 단절한 채 혼자 동굴에 갇혀 잠-공부-잠-공부를 반복하다 보면 어느 순간 수험생활에 대한 긴장감이 느슨해지고 안이해지면서 잠-공부-잠-공부-휴식-잠-휴식-잠-휴식-공부-잠-휴식 이렇게 휴식이라는 시간이 늘어나게 되는 경험을 할 수 있다. (필자의 행정고시 공부 시절이 그러했고 결과는 좋지 않았다.)

스터디를 통해 같은 수험생끼리 서로 모의고사를 함께 풀거나 모르는 문제를 같이 고민해 보고 해결 방법을 찾아가기도 하고, 스터디원의 공부 수준과 비교하며 자신의 현재 위치를 가늠하며 경쟁심이 발동해 공부에 집중하게 되는 등 수험에 대한 몰입감을 높일 수 있다.

예전에 신림동에서 혼자 행정고시 공부를 했지만, 불합격이라는 결과를 들고 떠나야 했다. 그 후 알게 된 어떤 사람에게 어쩌다 그 사실을 말했더니, 필자에게 '왜 학교 고시반 같은 데를 가지 않았느냐?'라고 물었고 '고시반이 있기는 하지만 다른 사람들과 같이 공부하면 괜히 경쟁심 붙어서 힘들 거 같아서 그런 것 신경 쓰지 않고 공부만 하고 싶어 신림동에 갔다'라고 답하자, 그 사람은 혀를 차며 '결국은 고시반에서 경쟁하며 공부하는 애들이 대부분 붙는다.'라고 말했다. 그 말이 필자의 선택이 잘못되었다고 지적하는 것 같아 기분이 좋지 않았지만 지금 돌이켜보면 그 사람의 말이 맞았다.

(뒤에서 말하겠지만 실제로 필자는 신림동에서 제대로 공부하지 않았고 학교 고시반에서 공부했던 사람들은 많이 합격했다)

2. 공부시간 확보와의 전쟁, 1분 1초도 낭비하기가 아깝다

평범한 사람이 직장병행 시험준비를 하게 되었을 때 시작부터 끝까지 가장 치열하게 고민하고 싸워야 하는 것은 단연코 공부시간의 절대량 확보이다. 그야말로 전쟁이다.

천재적인 사람이야 남들 책 10번 볼 때 1번 봐도 충분히 공부가 가능할지 모르나(실제로 그런 사람이 있었다) 평범한 사람은 남들 책 10번 볼 때 똑같이 10번을 봐야 한다. 전업 수험생의 경우 실 공부시간의 편차는 있겠지만 자리에 앉아있을 수 있는 절대적 시간은 10시간 정도는 쉽게 확보할 수 있다.

반면, 일반적인 직장인의 경우 근무시간인 9시~18시를 제외하고 출퇴근 시간, 점심 식사 시간, 저녁 식사 시간, 수면시간을 제외하면 하루 4시간 공부 확보도 어렵다.

그렇게 직장병행인은 전업 수험생에 비해 불리한 출발선에서 시작하기 때문에 공부 시간의 절대량 확보를 위해 끊임없이 노력해야 한다. 혹자는 아침 출근 시간을 여유롭게 보내고 점심시간에도 편하게 먹고 쉬며, 주말에도 적당히 쉬어주며 스트레스 관리를 하면서 공부하는 게 좋다고 할 수도 있다. 개인마다 성향이 다르니 그 방법이 틀렸다고는 볼 수 없으나, 필자의 경우 스스로 몰아붙이면서 공부하는 게 훨씬 도움이 되었다.

적당하게 공부하려다 보면 오히려 마음이 느슨해져 공부하러 책상에 앉는 게 더 어려웠고, 오히려 모든 시간과 정신을 공부에 쏟아부을 때 기계적으로 몸이 책상으로 가게 되어 더 수월하게 공부가 되었다. 즉 스스로를 몰아붙이며 공부할 때, 공부에 대한 몰입감과 긴장감이 상시로 유지된다.

필자도 처음 직장병행을 할 때는 하루 종일 공부에 손 놓고 있다가 직장에서 퇴근한 후에야 공부하였다. 마지막까지 공부했던 내용이 잘 기억 나지 않아 되살리는 데 시간이 걸렸고, 공부하는 도중에도 쉬고 싶다는 생각이 자꾸 들어 집중이 잘되지 않았다.

반면 직장병행에 적응되어 출퇴근 시간, 점심시간에 자연스럽게 공부할 때는 하루 종일 공부에 대한 몰입감과 긴장감이 유지되면서 퇴근 후에도 훨씬 쉽게 공부에 집중할 수 있었다.

예전에 어떤 사법시험 합격생의 수기를 본 적이 있는데, 집에 와서 가장 먼저 하는 일이 책상에 앉아서 공부하는 것이었다. 목욕한다든지 책상을 정리한다든지 같은 잡다한 일은 모두 미뤄놓고 일단 책상에 앉아 공부하였다고 한다. 이를 보며 필자는 그분이 공부에 엄청난 몰입을 하는 상태였고 그런 몰입감을 상시 유지했기에 합격을 하신 거로 생각하며 '공부 몰입감 유지'가 수험에서 정말 중요하다고 생각한다.

그러한 몰입감 유지를 위해서 하루 중 공부시간 확보는 정말 중요하며, 특히 직장병행인에게는 합격을 위한 시작과 끝이자 핵심이라 생각한다.

3. 서브 노트, 합격생마다 극비리에 만드는 '치트 키'

어느 시험이든 많은 강사분이나 합격생들이 입을 모아 하는 말이 '서브 노트의 중요성'이다.

간혹 '서브 노트 만들 시간에 교재를 읽는 것에 충실하라'라고 하는 의견이 있으나, 서브 노트를 만들다 보면 자신만의 언어로 정리를 하는 과정에서 자연스레 암기되고 전체 내용을 파악하는 데 분명 도움이 된다. 설사 서브 노트를 완성하고도 막상 잘 보지 않는다 하더라도 그 가치는 있는 것이고, 잘 활용한다면 합격으로 가는 발판이 될 수도 있다.

다만 모든 과목에 대해 서브 노트가 필요하지는 않다. 예를 들어 손해사정사의 의학이론의 경우에는 내용이 너무나 방대하므로 서브 노트로 정리하는 건 너무 힘들어서 강사저 요약집을 보는 게 낫고, 또 노동법의 경우에는 판례들을 단어, 문장 순서 등 완성도 높게 외워야 하므로 서브 노트로 요약해서 판례를 적는 건 실효성이 아주 낮다.

따라서 본인이 과목별로 공부를 해보면서 서브 노트로 정리할 필요가 있는지 판단이 필요하다.

참고로 필자의 경우 서브 노트 작성 여부는 아래와 같다.

노무사

노동법- 서브 노트 없음, 목차 수첩 있음

인사노무관리- 서브 노트 작성. 자주 활용함

행정쟁송법- 서브 노트 없음

노동경제학- 서브 노트 없음

손해사정사

의학이론- 서브 노트 없음

제3 보험법- 서브 노트 없음

자동차손해배상보장법-서브 노트 작성, 활용은 하지 않음. 목차 수첩 있음

책임 근재- 서브 노트 작성. 활용은 하지 않음

4. 직장병행인의 마법 아이템, '목차 수첩'

1) 목차 수첩이란?

많은 합격생과 강사님들이 중요하다고 말하는 것이 '목차의 중요성'이다. 필자 역시 처음 공부할 때는 몰랐지만 나중에는 이 목차 암기가 논술형 시험 공부의 '핵심'이라는 것을 깨달았고 목차 수첩이란 것을 만들어 목차 자체를 암기하려 노력했고 항상 공부할 때마다 활용하였다.

먼저 교재의 쟁점(주제)별 목차를 적은 목차 수첩을 만들고, 공부하는 중간마다 목차 수첩을 보며 현재 공부하는 부분의 목차가 무엇인지 확인하며 염두에 두고 공부한다.

이렇게 하면 내가 지금 과목의 전체 내용 중 어느 지점을 공부하고 있는지 확인할 수 있어서 공부 내용도 잘 기억되고 몰입도 잘된다. 목차 수첩이 일종의 내비게이션 같은 역할을 하는 것이다. 그리고 교재와 목차 수첩을 같이 공부하다 보면 신기하게도 어느 순간 목차 수첩만 보아도 교재의 내용과 위치가 연상이 된다.

2) 목차 수첩 작성 대상

목차 수첩이란 단순히 말해, 자신이 선택한 강사 교재의 목차를 정리한 수첩이다. 교수저의 경우 내용이 너무 방대하고 수험 적합도도 떨어지기 때문에 강사저로 하는 걸 추천한다.

3) 목차 수첩 크기

목차 수첩은 크기가 중요하다. 노트 크기가 아닌 주머니에 들어갈 만한 작은 수첩이어야 한다. 그래야 언제 어디서든 틈틈이 공부시간이 날 때마다 꺼내볼 수 있고 출퇴근 시간에 버스나 지하철에서 아무리 사람이 많아도 수첩 정도는 민폐를 주지 않고 볼 수 있다.

특히 목차 수첩의 암기가 어느 정도 궤도에 오르면, 목차를 잠깐 훑어 읽는 것만으로도 엄청나게 많은 공부내용을 환기시킬 수 있어서 시간 없는 직장병행인에게 정말 큰 도움이 된다.

5. 칠흑 같은 수험의 한 줄기 빛, '두문자 암기법'

1) 뒤늦은 후회, 그러나 늦게라도 알아서 다행

필자는 행정고시를 준비할 때와 노무사 시험준비 초반 때 '두문자의 중요성'을 간과하였다. 당시에는 논술형 시험을 준비한다는 사람이 기계적으로 두문자를 달달 외우며 공부하는 게 멋이 없어 보였고 제대로 된 공부 방법이 아니고 요행을 바라는 것처럼 보였다.

그러나 이는 되려 논술형이라는 어려운 수험을 한다는 덧없는 허세였고, 두문자 공부법을 추천하던 사람들의 의견을 무시한 오만함이었다. 그런 허세와 오만함의 대가가 불합격이었고 지금 돌이켜보면 그 부분이 몹시 아쉽고 후회된다.

물론 시간이 많은 전업 수험생이야 방대한 양을 모두 암기해 보고 수시로 현출해 보며 반복 학습하기도 하고 공부시간이 충분할 수도 있다. 하지만 평범한 두뇌의 직장병행인은 공부시간이 항시 부족하므로 모든 내용을 암기하고 현출해 가며 암기 여부를 점검하기는 매우 버겁다. (불가능할지도 모른다) 이때 두문자를 이용해 주요 판례나 주요 개념, 세부 유형 등등의 내용을 외우면, 가볍게 두문자를 현출하는 연습만으로도 순식간에 몇 페이지 분량을 복습하는 효과를 얻을 수 있다.

필자도 노무사 시험 3차 도전 때가 돼서야 두문자 암기법을 적극 활용하였고 그 효과를 톡톡히 봐서 그해 바로 합격할 수 있었다.

2) 두문자 암기 공부법

두문자를 만들 때는 최대한 자신이 기억하기 쉬운 일반적인 용어를 사용하는 것이 외우기도 편하고 기억해 내기도 쉽다.

하지만 두문자를 만들 때 무조건 일반적인 용어로 만드는 데 집착하기보다, 암기하려는 대상의 중요하고 핵심이 되는 글자들을 가져와야 한다. 그래야 나중에 두문자를 떠올렸을 때 정확도 높게 전체 내용을 현출할 수 있다. 만약 두문자 암기를 쉽게 하려고 일반적인 용어로 만들기 위해 정작 중요 부분들을 빼먹고 두문자를 만들면 현출의 정확도가 되려 떨어지게 된다. 그야말로 주객전도다.

그러다 보니 두문자를 만들다 보면 어쩔 수 없이 일반적이지 않은, 이상한 의미 없는 말로 만들게 될 수밖에 없다. 다만 그런 경우에도 겁먹지 않아도 된다. 필자도 처음 두문자를 만들어 나갈 때는 이런 이상한 두문자 수백 개를 외우는 게 가능할까 싶었으나 계속해서

10번, 20번 반복해서 외우고 연상하고 연습하다 보면 이상한 의미 없는 말이라도 결국은 외워지게 되었다. 필자도 외워지는 게 매우 신기했다.

3) 암기력도 근육이다

학창 시절에 공부를 많이 했더라도 대다수 직장병행인은 오랫동안 공부를 하지 않았기 때문에 처음에 두문자 몇 개를 외우고 그 내용을 떠올리는 것도 힘들고 시간이 많이 소요된다. 그런 자신을 보며 머리가 둔해졌다며 자책하는 경우도 있을 것이다. 필자도 그러했다.

그러나, 신체의 근육도 사용하면 사용할수록 단련이 되듯 암기 역시 암기를 하면 할수록 암기속도가 올라가고, 현출의 정확도가 높아진다.

그러니 초반에 잘 안 외워진다고 해서 낙담할 필요는 없다. 분명히 계속해서 포기하지 않고 외워나가다 보면 어느 순간에 이르러 훨씬 쉽게 두문자를 외우고 현출할 수 있게 된다.

4) 두문자 암기법의 단점

두문자 공부는 수험에 정말 극상의 효과를 낼 수 있다고 확신한다. 다만 시험이 끝나고 두문자가 머릿속에서 흐릿해지면 그와 함께 전체 내용도 흐릿해진다. 이 때문에 통문으로 암기하고 공부한 사람에 비해 전체 내용의 현출도가 현저히 떨어진다. 머리가 비상한 사람이면 시험이 끝나도 기억이 오래 유지될 수도 있겠지만 필자는 평범한 것인지 그러지 못했다.

그럼에도 필자는 수험생에게는 시험이 끝난 후보다는 시험에서 잘하는 게 중요하다고 생각하므로 두문자 암기를 강력하게 추천한다.

5) 목차 수첩과의 시너지

두문자는 목차 수첩을 만들 때 그 효과가 몇 배는 더 발휘된다. 쟁점별로 정리된 목차마다 관련 주요 내용들을 두문자로 만들어 목차 안에 채워 넣으면, 목차 수첩을 수시로 볼 때마다 짧은 시간에 정말 많은 양을 공부할 수 있어서 효율성이 엄청나다.

노무사 1, 2차 도전 시기까지는 통문으로 암기하며 공부했는데, 이때는 노동법 주요 판례를 1개 현출하고 점검하는 데 약 30~40분이 걸렸고 주말 하루 종일 해도 10개 정도 하는 게 다였다. 그런데 목차 수첩과 두문자로 공부할 때는 5분 정도면 1개 주제를 점검하였고 시험 직전 갔을 때는 15분 정도면 10개 넘는 주제를 점검할 수 있을 정도로 시간이 압축되었다.

두문자 공부법은 수험생에게 정말 필요하고, 직장병행인에게는 필요가 아니라 절대적으로 필수라 생각한다.

6. 공부 일정, 수시로 체크하자

공부하다 보면 중간중간 지치고 쉬고 싶을 때가 분명히 발생하고 잡생각이 많이 나게 된다.

그럴 때마다 필자는 종이에 날짜를 적고, 언제까지 무슨 과목을 준비하고, 언제부터는 어떤 과목을 해야 할지를 표를 그리며 정리를 하였다. 이 작업을 하면 자신이 지금 어디쯤까지 공부가 되어있는지, 어디가 약한지, 어디가 강한지, 앞으로 어떤 방향으로 나아가야 할지 등을 체크할 수 있다. 또한 나의 현재 공부 수준의 위치를 재확인함으로써 공부 의욕을 다시 북돋을 수 있다.

일종의 이정표, 내비게이션 같은 것이다. 운전을 하든 등산을 가든 장거리를 가다 보면 분명 지치고 힘들게 된다. 그럴 때 나의 위치를 확인함으로써 제대로 된 방향으로 나아가는지, 얼만큼 가야 하는지 등을 체크하면 '자 다시 한번 열심히 가보자' 하는 마음이 생긴다.

7. 시간대별 공부시간 관리, 하루를 200% 활용하자

1) 아침 시간

아침에 일어나면 출근하기 전에 30분이든 1시간이든 공부시간을 확보하자. 큰 공부가 안 될 수도 있겠지만 공부의 '몰입감'을 유지하는 데 도움이 되고 또 막상 해보면 촉박한 시간 속에서 공부하려다 보니 생각보다 공부가 잘 된다.

필자는 집에 독서실 책상을 두고 아침에 일어나자마자 씻기 전에 공부하였고 체력이 괜찮을 때는 집 근처의 도서관 또는 스터디 카페에 가서 공부를 하기도 했다.

2) 출퇴근 시간

수험 초기와 중기에는 다행히 회사 근처에 집이 있어서 도보로 걸어가는 중에 목차 수첩 같은 걸 간단하게 보고 암송하며 걸어갔다. 그러다 출퇴근 거리가 멀어져 대중교통을 이용하게 되자, 운 좋게 앉으면 책을 펴고 공부를 했고 사람이 많아 서서 갈 때는 목차 수첩을 꺼내어 보거나 핸드폰으로 사진을 찍은 것을 보며 공부하였다.

3) 점심시간, 저녁 시간

회사에서 점심때는 보통 직장동료들과 사담하며 즐겁게 식사하고 카페를 가는 시간이다. 하지만 직장병행인은 반드시 가야만 하는 자리가 아니라면 간단하게 김밥, 도시락 등으로 해결하고 바로 공부하자. 저녁의 경우도 마찬가지다. 회식과 같이 공식적인 자리거나 정말 가야만 하는 자리가 아니라면 가지 말고 공부해야 한다.

8. 강의는 '적정하게' 활용, 과도한 의존은 '독'이다

행정고시와 7급 공채 시험, 노무사 등뿐만 아니라 모든 수험시장의 강의는 기본강의부터 심화강의까지 많은 강의가 있다. 한 과목당 약 3~5개의 난이도별 강의가 있다.

합격을 위해서 이 모든 강의를 반드시 들어야만 하는 것은 아니며 자신의 공부 역량에 맞게 선택해야 한다. 무작정 강의를 듣지 않고 독학만 하는 것은 그리 추천하지 않지만, 그렇다고 혼자 공부하는 시간은 거의 없이 강의만 주야장천 듣는 것도 추천하지 않는다.

강의를 들으면, 집중하든 딴짓하든 강의는 계속되므로 공부시간이 잘 간다. 강사가 말하는 것을 듣기만 하면 되니 혼자 공부하는 것보다 편하고 이해가 잘 되는 것 같고, 수험정보를 얻을 수 있다. 또한 해당 과목에서 시험에 나올 만한 중요한 주제가 무엇인지 쉽게 알게 된다.

이렇게 강의를 듣는 것에 장점이 있더라도 분명히 명심해야 하는 것은 공부는 결국 강의를 들을 때 이루어지는 것이 아니라 교재를 읽고 직접 손으로 쓰며 혼자 공부할 때 이루어진다.

수능 때도, 공무원 공부할 때도 같이 공부했던 사람 중 책을 읽고 문제 푸는 것은 소홀히 하고 강의만 엄청나게 많이 듣는 사람들이 있었다. 분명 머리가 똑똑했음에도 수험에는 좋은 결과를 내지 못했다.

강사들의 강의를 듣고 있으면 집중이 다소 흐트러지더라도 강의 시간은 계속 흘러가니 공부를 많이 한 것 같은 '착각'이 들어 거짓 뿌듯함이 들기도 한다. 또 강사가 설명하는 내용을 본인도 그대로 말할 수 있을 것이라는 '착각'도 들기도 하나 막상 손이나 입으로 배운 내용을 직접 현출하려면 잘되지 않는다.

이처럼 강의는 자기가 모르는 부분을 보강해 주고 방향을 짚어주는 것이지 공부의 주가 될 수는 없다. 따라서 강의는 수강하되 강의에만 지나치게 의존하며 혼자 정리하는 시간을 소홀히 하는 누를 범하지 않았으면 한다.

9. 답안작성 연습, 실전에서 빛을 발하는 '필살기'

논술형 시험에서 손으로 직접 답안을 쓰는 작업은 정말 중요하다. 옛날 행정고시 수험 때 어떤 스타 강사께서 말씀하신 '머리는 기억 못해도 손은 기억한다.'라는 말은 논술형 시험공부에 있어 정말 중요한 말이다. 필자는 그 말을 수험 내내 두고두고 유념하였다.

머릿속으로 아무리 외우고 말로 연습하더라도 손으로 적는 연습을 하지 않는다면 시험장에서 하얗고 넓은 빈 공간의 종이를 어떻게 채워야 할지 난감할 것이다. 하지만 수없이 손으로 적는 연습을 했다면 어떻게 채워야 할지 고민할 필요가 없다. 즉, 답안지 작성 연습을 많이 한다면 머릿속으로 답지에 어떤 내용을 채울지 정리하고 적는 것이 아니라 손이 저절로 움직여서 답지에 내용을 적어 가고 있는 기 현상을 발견하게 된다. 머리→손이 아니라 손→머리의 느낌이다.

시험 문제를 보면서 어떻게 써야 하지 하고 망설이다가도, 손을 답안지에 갖다 대면 자동반사적으로 내용을 적게 되는데, 이게 가능할까? 의구심이 들 수도 있으나 대부분의 합격생은 아마 다 그렇게 작성할 것이다. 왜냐하면 생각보다 시험시간은 빠듯하고 시험장에서 시간이 흘러가는 속도가 매우 빠르다. 시험장에서 골똘히 생각하고 정리해서 적을 시간은 전혀 없다. 머리와 손을 거의 동시적으로 움직여가며 빠른 속도로 적어내야 주어진 시간 내 적정한 답안 분량을 적을 수 있다.

참고로 사람마다 필체가 다르나 과목별 작성 평균 페이지 수는 아래와 같다.

- 노동법 8~11페이지
- 인사노무관리 14~18페이지
- 행정쟁송법 12~15페이지
- 노동경제학 6~15페이지

그렇게 손이 답안을 자동으로 작성한다는 듯한 느낌을 받으려면 정말 많은 문제에 대해 직접 손으로 답안작성 하는 연습을 해야 한다. 필자도 노동법 기준으로 100문제 이상 답안을 작성하였다. (이수진 강사님의 케이스 노동법 72제 전부 1번 이상씩 작성했고 당해연도 모의고사도 모두 직접 작성해 보았다)

다만, 모든 과목에 대해 답안작성 연습을 할 수 있을 정도로 시간이 많으면 좋겠지만 안타깝게도 직장병행인과 같이 시간이 없는 사람은 현실적으로 어렵다. 어쩔 수 없이 선택과 집중 전략에 따라 답안작성이 가장 중요한 노동법에 우선 집중하기를 추천한다.

10. 모의고사, 강사들의 '예언서', 반드시 풀어보자

시험이 한두 달 뒤로 다가오면 강사님들의 모의고사 출제가 시작된다. 모의고사는 그동안 강의한 내용, 최신판례와 기사들을 고려하여, 한 해 출제 방향을 예상해서 만든 문제들이기 때문에 매우 중요하다. 따라서 본인이 수강하지 않는 강사들 모의고사까지 필히 챙겨봐야 한다.

필자는 1차 도전 당시에는 기본교재를 읽기 바빠서 모의고사를 소홀히 했었다. 그러다 뒤늦게 모의고사의 중요성을 깨닫고 3차 도전 때는 거의 모든 강사님의 모의고사를 과목별로 구해서 챙겨보았다.

모의고사를 공부할 때는 노동법처럼 완성된 답안을 직접 써봐야 하는 과목도 있고 행정쟁송법이나 인사노무관리같이 서술형으로 써보면 충분한 과목도 있다.

어쨌든 앞서 설명하였듯이 '머리는 기억 못 해도 손은 기억한다'라는 말처럼 모의고사 답을 손으로 직접 많이 써봐야 한다.

특히 모의고사 하면 많은 분들이 고민하고 질문하던 것이 서울에 있는 학원에 직접 가서 실강 모의고사를 쳐봐야 하는지이다.

일단 시간적 여유가 있다면 학원에 가서 한정된 시간 속에서 다른 수험생들과 경쟁하며 모의고사를 쳐보는 것이 실제 시험과 유사하게 연습할 수 있다는 점에서 추천한다.

하지만 직장병행인에게는 학원에 가려면 평일은 거의 불가능하고 주말밖에 시간이 없고, 주말은 유일하게 오롯이 공부할 수 있는 황금같이 소중한 날이다 보니 학원에 왔다 갔다 하느라 시간과 체력을 소모하기에는 매우 아깝고 지장이 크다.

필자의 경우 1차 도전 때 학원에 직접 가서 모의고사를 치려고 시도했으나 체력적으로도 부담이 되었고 시간적으로도 소모가 너무 컸다. 결국 2번 정도 가고 가지 않았다. (당시에는 강원도 동해에서 근무해서 서울까지는 너무 멀었다) 그 후 2, 3차 도전 때는 학원 실강은 듣지 않고 집에서 혼자 모의고사를 치고 복습하였다.

따라서 논술형 시험에 자신이 직장병행인이라면 주말에 학원 모의고사를 보러 가기보다는 혼자 시험치고 채점하고 복습해 보는 게 낫지 않을까 싶다. 학원 모의고사를 보러 왔다 갔다 하지 않고 혼자 공부한다면 그 시간에 모의고사 3개 정도의 주제는 점검을 해볼 수 있고 체력도 아끼기 때문에, 시간 없는 직장병행인에게는 어쩔 수 없는 선택이라 생각한다.

반면, 논술형 시험을 한 번도 안쳐본 사람이라면 시험장 분위기를 조금이라도 느껴보기 위해 학원 모의고사를 직접 가서 몇 번은 쳐보기를 추천한다.

(혹시 학원 실강이 무용하다는 것으로 오해할까 봐 첨언하면, 이는 시간이 없다는 전제하에 말하는 것이고 시간이 많다면 당연히 학원 모의고사 실강을 통해 시험장 분위기를 경험할 수 있다는 점, 실강이 몰입이 덜 잘 되므로 이해와 암기가 더 수월하다는 점에서 추천한다.)

11. 글씨체, 못 써도 괜찮다. 합격은 '내용'으로 한다

논술형 시험을 준비할 때 많은 사람이 걱정하는 부분이 바로 '글씨'다. 세간에서는 여자가 글씨가 더 예쁘고 보기 좋게 쓰는 편이라 논술형 시험에 더 유리하다는 말이 떠돌 정도로 글씨의 점수 영향도에 대한 갑론을박은 오래되었다.

어떤 모 강사님께서는 "글씨체가 안 좋아서 채점 위원들이 해독해야 하다 보니 더 정성스럽게 의미를 파악하려 해서 점수가 더 좋을 수가 있다"라고 했고, 어떤 모 강사님은 "생각을 해봐라. 몇백 페이지를 채점하고 있고 힘들어 죽겠는데 글씨가 암호 같아서 분석하고 있으면 사람인 이상 짜증이 나지 않겠나?"라고 했다.

일단 필자가 볼 때에도 글씨체는 중요하다. 글씨체는 무조건 좋으면 좋을수록 점수에 득이 되면 득이 되지, 누가 되지는 않는다는 건 누구나 부정하기 힘들다.

다만 글씨체가 시험점수에 유의미한 영향을 주느냐를 따져본다면 불리할 수는 있으나 그렇다고 합격할 사람을 불합격시킬 정도는 아니라고 본다.

필자는 정말 악필이다. 필자보다 악필인 사람을 현실에서 그리 많이 본 적이 없다. 실제 시험 답안지는 시험장의 시간압박 때문에 더 휘날리고 삐뚤어지는 등 총체적 난국이었다. 그럼에도 합격했다. 물론 글씨체가 좀 더 좋고 깔끔했다면 점수가 좀 더 좋지 않았을까? 하는 생각도 들기는 하지만 어쨌든 글씨체가 나쁘다고 채점을 대충 해서 불합격시키지는 않는다는 걸 알 수 있다.

따라서 수험생 중 악필이 심하다면 의식적으로 깔끔하게 작성하려 노력은 하되 그렇다고 주객이 전도되어 글씨체에 집중하다가 시험 답안을 부실하게 쓰는 파국은 없었으면 한다.

12. 필기도구, 당신의 손에 맞는 '무기'를 골라라

글씨체와 함께 거론되는 주요 수험 주제 중 하나가 필기도구이다. 사라사, 지브라, 애너겔, 모나미 등등 많은 볼펜이 수험가에서 애용되고 있으나 결국은 각 수험생마다 자신에게 적합한 필기도구를 찾아 선택하게 된다. 자신이 시험장에 최종적으로 들고 갈 필기도구를 아직 선택 못한 사람이라면 하나씩 구해 직접 답안작성을 해보고 선택하는 게 좋다.

필자는 글씨체가 정말로 지독한 악필이어서 필기도구에 대해 많이 고민하였다. 필자도 글씨체 때문에 시험점수가 몇 점은 손해 볼 거로 생각하며 스트레스를 많이 받았고 수많은 필기도구를 구해서 이걸 썼다가 저걸 썼다가 하며 제대로 된 정착을 하지 못했었다.

그러다 친구가 만년필을 추천하면서 뜬금 선물을 해주어 써보게 되었다. 생각보다 매우 괜찮아 놀라웠다. 필자의 악필 원인 하나가 글씨가 중심을 잡지 못하고 날아가는 것이었는데, 만년필로 필기했을 때 종이와 펜심이 부딪히면서 적당히 서걱거리는 마찰이 일어나며 가벼운 손놀림이 어느 정도 무게가 잡혔고 날아가던 글씨도 중심이 잡히는 느낌이었다. 하지만 만년필은 액체다 보니 논술형 답안지를 몇 장씩 써야 하는 시험에는 자칫 번질 수 있어 사용감이 좋았음에도 수험용에는 여의치가 않았다.

그러던 차에 알게 된 것이 '펜텔 트라디오' 펜이었다. 적당히 만년필 같은 필기감을 가지면서도 액체가 아닌 펜이어서 논술형 답안지를 작성하는 데도 무리가 없었다. 이후 모의고사를 많이 작성해 보면 악필이 이전보다 훨씬 많이 개선되었음을 느꼈고 또한 글씨체의 개선과 함께 그 스트레스도 감소하면서 답안작성의 자신감도 얻게 되었다.

이처럼 필기도구는 다른 사람의 조언보다 직접 써보면서 최대한 자신에게 맞는 필기도구를 찾아야 한다. 혹시 글씨체가 안 좋아서 걱정이 큰 분이 있다면 한번 '펜텔 트라디오' 펜을 구해서 써보시길 바란다.

13. 나만의 '공부 아지트'를 확보하자

똑똑한 사람들이야 공부장소로 어디를 가든 집중하고 공부를 잘 할 수 있겠지만, 필자를 포함한 대부분의 평범한 사람들은 자기에게 맞는 장소가 필요하다.

공부장소는 어떤 사람은 집을 선호하고 어떤 사람은 집에서는 도저히 안 된다며 독서실을 가고, 또 어떤 사람은 독서실은 갑갑하다고 좀 더 개방된 분위기의 스터디 카페를, 아니면 적당한 소음이 있는 카페를 선호하는 사람 등등 사람 성향에 따라 다르다. 중요한 건 자신에게 맞는 장소를 정하는 것이다.

다만, 시간 없는 직장병행인에게는 독서실이나 스터디 카페 등 자신에게 잘 맞는 주 공부 장소를 한군데 정하되, 여기에 더해 최소한 '집'을 서브 공부장소로 생각해야 한다.

직장병행 생활을 하다 보면, 회사에서 갑자기 야근하거나 회식을 가야 하거나, 아니면 몸이 아파서 도저히 독서실 갈 체력이 없는 날 등 공부시간이 조금밖에 확보되지 못하는 날이 분명히 발생하게 된다. 이때 잠깐의 공부를 위해 독서실까지 왔다 갔다 하기 힘들기 때문에 그런 시간과 체력을 최소화하기 위해 자신에게 가장 가까운 공간, '집' 공부를 해야 한다. 그렇기에 집은 언제든지 2순위로 공부를 할 수 있는 장소여야 하고 공부환경이 어느 정도 갖춰져야 한다.

집이 엄청 넓어서 서재가 따로 있으면 좋겠지만 필자를 포함해 대부분의 사람이 서재를 가질 여건이 안 된다. 이때 괜찮은 아이디어가, 독서실용으로 나오는 커튼이 달린 책상을 하나 구해서 집에 놔두는 것이다. 처음엔 집에 이런 책상을 두니 너무 요란 떠는 건가 싶었지만 정말 직장병행인에게는 도움이 된다.

나름 독서실 같은 공부환경이 집에 생기면 야근이나 회식 등 공부시간이 거의 없는 날이라도 집중해서, 조금은 공부를 할 수 있다. 반면에 집 공부환경이 갖추어지지 않고 독서실과 스터디 카페 등에만 공부환경을 갖추어놓으면 야근이나 회식 등이 있는 날에는 핑계 삼아 저녁 공부를 쉬게 되어버린다.

수험기간에 공부를 하루 쉬는 것은 단순히 그날 공부를 안 한 것에 그치는 것이 아니라 그 전날 공부와의 연속성이 끊어져 버리면서 수험 몰입도가 감소하여 그다음 날 아침 공부도 힘들어지고 점심, 저녁 공부까지도 여파가 미친다.

따라서 언제든지 공부를 할 수 있는 공부환경을 갖추어서 매일 공부를 하기 위해 집에 공부 공간을 만들어 놓는 건 매우 중요하다.

이렇게 '독서실', '집' 외에도 한 군데 공부장소를 더 확보해야 한다. 회사에 아침 일찍 출근하거나 점심시간이 되는 경우 사무실에서 공부할 수는 없으니 회사 내부나 회사 인근 카페 등 공부할 수 있는 장소를 미리 확보하자.

과장 보태어 직장병행인은 공부시간 확보라는 전투 중인 것이니, 황금 같은 시간이 생길 때 언제든 공부에 돌입할 수 있어야 하므로 공부장소 확보는 정말 중요하다.

14. 교재는 '보는' 것이 아닌 '읽는' 것

1) 처음에는 전체적으로 한번 가볍게 읽기

노무사든 손해사정사든 어느 시험이든 처음 공부를 시작할 때 교재를 앞부분부터 꼼꼼하게 읽기보다는 빠르게 한 번이라도 훑는 게 중요하다. 전체 내용을 설사 기억하지 못한다고 하더라도 한번 넓게 개괄적인 내용을 보고 나면 처음으로 돌아와 책을 읽을 때 훨씬 이해가 잘 된다.

예를 들어 여름휴가로 다소 생소한 여행지인 인도네시아 어느 지역을 여행 가는 것을 가정해 보자. 일반적으로, 목적지로 가는 길만 급하게 찾아보는 것이 아니라 인도네시아 나라 전체 윤곽을 살펴 보고 나서 그 안에서 목적지를 찾은 후 그곳으로 가는 최단 루트를 찾아보는 게 정석이다. 전체적인 나라 모습도 모른 채 다짜고짜 잘 알지도 못하는 나라의 어느 지역으로 가는 최단 루트를 찾으려면 찾기도 훨씬 어렵고 시간도 오래 걸린다.

마찬가지로 난이도가 큰 전문영역 수험공부를 할 때에도 전체 내용을 개괄적이라도 한번 파악해 두어야 세부 내용을 공부할 때 접근이 훨씬 수월하다.

2) 목차라는 내비게이션을 따라가며 읽어나가기

앞에서도 여러 번 말했듯 목차는 정말 중요하다. 전체적으로 한번 내용을 훑고 와서 이제 교재를 처음부터 꼼꼼히 다시 보게 될 때는 '목차'를 활용해야 한다.

앞에서 여행 가는 걸 예시로 말했는데 전체적으로 내용을 한번 읽으면서 지도를 보았다면 이제 여행지로 가는 최단 루트를 짤 때에는 목차라는 내비게이션을 적극 활용해야 한다.

전체 내용을 한번 빠르게 읽은 것만으로는 기억도 잘 나지 않는 것이 정상이다. 따라서 대부분 교재 앞에 있는 목차를 중간중간 보면서 지금 내가 전체 내용 중 어느 부분을 읽는 것인지 항상 인지할 필요가 있다. 예를 들어 인사노무관리의 경우 교재의 평가 파트를 읽으면서 '내가 지금 인재를 채용하고 개발을 한 후 이를 평가하는 단계를 읽고 있구나. 그럼, 여기서 읽은 내용을 토대로 이후에는 보상(임금, 성과급 등)에 활용하겠구나.' 하는 생각을 하며 읽어나간다.

3) 깊이 있는 회독보다는 여러 번 많은 회독을

초반에 교재를 회독할 때는 꼼꼼히 깊이 있게 공부하기보다는 최대한 많은 회독을 하는 게 중요하다.

다른 세무사, 관세사 등도 마찬가지겠지만 노무사든 손해사정사든 전문직 시험을 처음 준비하는 사람이라면 교재를 읽어나가다가 이해가 안 되고 어려운 부분을 직면하게 된다. 이때 이해가 안 되는 부분을 이해될 때까지 하루 종일 분석하는 것은 시간이 아깝다. 특히 전업 수험생이 아닌 시간 없는 직장병행인에게는 한 부분을 집중적으로 파고 있을 시간이 부족하다. 두세 번 생각을 해봐도 이해가 안

되는 부분이 있다면 일단 대강 보고 넘기고 계속해서 진도를 나가자. 진도를 나가다 보면 뒷부분과 연계되면서 이해가 자연스레 되는 경우도 있고, 생각보다 별로 중요하지 않은 부분임을 깨닫게 될 수도 있다.

막히는 부분이 있다고 하더라도 무소의 뿔처럼 '언젠가 나중에 다시 보고 이해할 거야!'라는 마인드로 쭉쭉 계속 읽어나가자.

4) 교재당 10회독 이상은 해야

기본적으로 합격권에 도달하려면 본인만의 주요 교재를 과목별 '최소' 10회독은 한다는 각오로 회독해야 한다. 수험가에서 '책을 10번 읽으면 모르는 내용이 없다'라는 얘기가 있는데, 허세거나 단순히 상징적인 숫자가 아니라 본인이 천재가 아니라면 정말로 그 이상을 읽어야 합격할 수 있다.

교재를 10번 정도 읽는 작업을 하고 나면 의도적으로 암기를 하려 노력하지 않았더라도 대강의 내용은 구어체라도 표현을 할 수 있게 된다. 여기서 멈추지 않고 본인의 약한 부분을 보강하거나 교재의 디테일한 내용을 암기하며 계속 회독하다 보면, 시험 직전 가서는 특정 주제가 책의 어디 페이지에 어디 위치에 있는지 기억하게 되는 정도에 이른다.

필자의 경우 노무사 시험에 합격했던 3차 도전 당시에 이수진 강사님의 쟁점 노트에 있는 판례를 누가 물어보면 대략 몇 페이지에 있고, 어디 위치한 내용인지를 두문자와 함께 연상할 수 있었고, 인사노무관리의 경우에는 책 한 권을 쓸 수 있을 정도로 전체적인 내용을 파악했었다.

특히 행정쟁송법의 경우에는 다른 과목보다 교재 분량이 적었던 만큼 정말 많이 읽었고 자신이 있었다. 필자가 천재거나 뛰어나서가 아니고 대부분의 평범한 사람이라면 가능하다.

앞에서도 잠깐 말했듯 필자 주변의 학벌이 전혀 좋지 않은 사람들도 본인들 과거를 말하며 한창 공부했을 때는 반복 회독하니 어떤 내용이 책의 어디 페이지와 위치에 있는지 연상이 되었다고 했다.

5) 교재는 '보는' 것이 아니라 '읽는' 것이 되어야 한다.

옛날 필자가 수능 공부를 할 때 명문대 출신 선생님이 하신 말씀이 있다. 그 선생님은 '책을 보는 것과 읽는 것은 다르다. 보는 것은 생각을 하지 않고 텔레비전 보듯이 일방향으로 쓱 보고 지나가는 것이고, 읽는 것은 책의 전체적인 내용을 염두에 두고 지금 읽는 내용이 전체에 어떻게 유기적으로 연결되는지 책과 내가 쌍방향으로 고민해 보는 것'이라고 하였다.

필자는 그 말이 참 크게 와 닿았고 당시 언어영역 비문학이 약했는데 그 선생님의 말씀처럼 '보는' 것이 아니라 '읽는' 연습을 하면서 크게 점수를 올릴 수 있었다. 이는 이후 행정고시 1차 시험인 피렛 언어논리나 7급 국어 비문학에서도 도움을 받았다.

혹시나 궁금한 사람이 있을까 봐 간단히 '읽는' 연습을 하는 방법을 말하자면, 소설이든 신문이든 일정 분량의 글을 각 문단별로 요약을 해보고 이를 토대로 전체 내용을 한두 문장으로 요약해 보는 연습을 반복하는 것이다. 요약하는 연습을 많이 하다 보면 어느 순간에는, 글을 자연스레 요약하려는 '의식'을 하며 읽게 된다. 그 후에는 실제로 옆에 사람한테 연습해 보든 혼자서 중얼거리든 말로 설명하는 연습을 해본다. 이런 과정을 반복하다 보면 글을 읽을 때 일일이 요약하는 연습을 안 하더라도 자연스레 글을 '보는' 게 아니라 '읽는' 느낌이 들며 머릿속에 많이 남아있게 된다.

15. PDF보다 '실물 교재'가 합격률을 높이는 이유

요즘 중고등학생들뿐 아니라 대학가나 수험가에서도 교재를 PDF로 만들어서 공부하는 게 유행이다.

각자 원하는 방법을 택하면 되지만, 개인적으로는 시대에 뒤떨어졌다고 비난을 받을 수 있으나, 논술형 수험 준비 시에는 실물 교재로 공부하는 게 보다 공부에 도움 되지 않을까 싶다.

수능이나 대학 공부가 매우 넓은 범위와 다양한 교재를 얕게 공부하는 것이라면, 전문직 수험은 다소 한정된 범위의 내용과 몇 개의 교재를 깊게 공부하는 것에 주안점을 두고 있다.

다시 말해 상대적으로 좁은 내용을 나만의 것으로 만들어 짧은 시간 내에 자유롭게 응용하고 적재적소 현출해 낼 수 있는 응용력과 순발력을 키우는 시험이다.

따라서, 무작정 양을 늘리는 게 능사가 아니라 강사 교재면 강사 교재, 서브 노트면 서브 노트를 중심으로 머릿속에 질서정연하게 집어놓고 과목당 100분가량의 시험시간 동안 머릿속에서 필요한 내용들을 끄집어내 현출해 내는 것이다.

이 얘기를 하는 이유는, PDF로 공부하게 되면 머릿속에 내용을 질서정연하게 넣고 기계적으로 현출해 내는 작업이 어렵다고 생각한다.

앞서 교재 회독을 많이 해야 한다는 팁과 같은 맥락인데, PDF로 보게 되면 많은 회독을 하더라도 어떤 주제를 받았을 때 책의 몇 번째 페이지에, 어디 위치에 있는지 기억을 해내기가 힘들고 따라서 현출의 완성도와 신속성이 떨어지게 될 가능성이 농후해 보인다.

태블릿PC에 PDF 교재를 넣고 한 장 한 장 화면으로 공부하게 되면 지금 보고 있는 페이지가 교재 전체의 어느 위치에 있는지 알기는 페이지 쪽수를 보지 않는 한 힘들지 않을까 싶다.

반면, 실물인 종이 교재로 공부를 하면 외우려고 노력을 안 해도 반복 회독하다 보면 지금 읽고 있는 부분이 교재의 어디 위치쯤 있는지 자연스럽게 기억하게 된다.

제4부

무너지는 당신을 일으켜 세울 멘탈케어 비법

1. 스트레스는 '기분 좋은 상상'으로 승화시켜라

전업 수험생은 미래에 대한 '불안'이 있다면 직장병행인은 현재에 대한 '불만'이 있다.

지금 친구들과 놀거나, 가족들과 여가를 보내거나 자신이 하고 싶은 취미를 하는 등 즐거운 일들을 하지 못하는 것에 대한 불만, 직장 사람들과 퇴근 후 어울려 술 한잔하고 싶음에도 못하는 아쉬움 등등 여러 가지 스트레스가 있다.

직장병행 수험을 하다 보면 '천년만년 살 것도 아니고 직장도 있고 편안하게 살 수도 있는데 이 스트레스를 받으며 공부하는 것이 맞을까?' 하는 의문이 수시로 들기도 한다.

이런 고민 대부분은 시험이 가까워질수록 긴장감이 커지고 공부 몰입도가 올라가면서 자연히 사라지나, 시험이 아직 한참 남아 시간적 여유가 있을 때는 공부를 할 때마다 불쑥불쑥 튀어나온다.

이럴 때는 기분 좋은 상상을 해보자. 수험생에게 기분 좋은 상상이 무엇이겠는가? 합격했을 때의 기쁨이다. 합격증을 받고 나서 놀고 웃고 하는 모습을 생각하면 힘이 날 것이다. 물론 그런 생각은 침대가 아닌 책상에서 해야 하고 즐거운 상상을 하다 보면 어느 순간 체력이 조금은 회복이 돼서 다시 공부에 집중할 수 있다.

2. 공부하는 삶, 의미 있는 '자기 계발'

인생 한 번 사는데 굳이 이런 수험의 고통을 나이 들어서 해야 하나? 하는 생각이 들 수도 있다. 하지만 인생 한 번 사는데 남들과 똑같이 편안한 여가생활을 하며 물 흐르듯 시간을 보내기보다는 어떤 목표를 설정하고 달성했을 때의 성취감을 위해 노력하는 건 매우 뜻깊다. 비단 공부가 아니라 목공이든 요리든 어떤 목표를 위해 온 체력과 정신을 쏟아붓는 열정을 느껴보는 것이 미래에 지난날을 돌이켜보았을 때 '잘 살았구나' 하는 보람을 느낄 수 있지 않을까 생각한다.

직장에서 퇴근 후 밥 먹고 침대에 누워 유튜브를 보다가 잠들어보는 시간도 편하고 좋을 수는 있다. 하지만 시간의 농도를 따졌을 때 퇴근 후에도 힘든 몸을 이끌고 책상에 앉아 머리를 싸매고 수십 페이지의 책을 읽고 펜을 휘날리며 글을 쓰는 시간이 농도가 더 깊고 진하다. 깊고 진한 만큼 훗날 돌이켜봤을 때 더 인상 깊지 않을까, 보람이 느껴지지 않을까 싶다. 설사 목표한 바를 이루지 못하더라도 뭔가에 열정을 부은 시간은 소중한 경험이라 생각한다.

3. 그간의 나날을 포기하면 편하다, 공부하는 삶에 적응하기

일반 직장인에게 평일 저녁 시간은 (야근이나 회식이 없다면) 하루일과를 마치고 집에 와 편하게 푹 쉬거나 친한 사람들과 즐겁게 시간을 보내는 달콤한 시간이다.

하지만 시간 없는 직장병행인에게 평일 저녁 시간은 책상에서 치열한 사투를 벌여야 하는 귀중한 시간이다. 직장병행을 한다고 하면 사람들은 '직장에서도 일하고 집에 가서도 공부하니 힘들겠다'라고 생각한다. 하지만 힘들다는 건 많이들 알고 있지만 이를 실제로 행동으로 옮기는 것은 정말 정말 큰 노력과 의지가 필요하다. 직장인들은 알 것이다. 퇴근 후에는 재밌는 게임도 오래 하기 힘들다는 것을.

하루 종일 밖에 있다가 집에 오면 침대에 누워 체력 회복하기도 바쁜데 다시 책상에 앉아 머리를 회전시키며 공부라니. 거기다 1년이 될지 2년이 될지도 모르는 기약 없고 답 없는 상황 속에서 말이다. 이런 상황에서 꿋꿋하게 공부를 해나가려면 공부하는 삶을 받아들이는 것이다.

처음 직장병행을 시도하다 보면 보통 짧게는 한 달, 길게는 3개월 정도면 애초의 굳은 의지는 옅어지고 결국 포기하게 되는 경우가 많다. 실제로도 주변에서 많이 봤다.

예전 행정고시 수험 때에는 공부가 좀처럼 잘되지 않았는데 지금 돌이켜보면 공부를 조금 하다가 힘들다고 쉬고 다시 공부를 좀 하다가 또 힘들다고 좀 쉬고 하는 상황을 반복했었고 이러한 패턴이 공부가 잘되지 않은 원인이라 생각한다.

오히려 꾸준히 공부를 계속해서 공부하는 것이 삶이 되고, 어제와 오늘의 공부가 자연스럽게 이어져야 하지, 하다가 멈추고 하다가 멈추면 더 공부가 힘들어지게 된다.

직장병행의 경우도 마찬가지다. 일이 힘들어서 지치고 그만하고 싶더라도 포기하지 않고 조금이라도 책상에 앉아 계속해서 공부해야 어제와 내일의 공부 간에 연속성이 생긴다.

처음 두세 달 정도를 직장-공부-직장-공부 과정을 반복하며 공부 경험이 누적되다 보면 어느새 공부하는 습관이 형성되고 아무리 직장에서의 일로 몸이 힘들고 쉬고 싶어도 집에 와서는 기계적으로 책상에 앉아 책을 펴고 읽고 있는 자신을 발견할 수 있을 것이다.

4. 전업 수험생보다 모자란 공부시간, 그러나 괜찮다

직장병행으로 노무사를 준비하며 가장 크게 고민되었던 것 중 하나가 '논술형 시험의 전문 자격증을 휴직 한 번도 없이 일을 계속하면서 과연 합격할 수 있을까?'였다.

아무리 아침, 점심, 저녁, 주말에 공부한다고 하나 가장 공부를 열심히 해야 할 평일 낮 시간 대에 공부를 못 하니, 그 시간에도 전력을 다해 공부하고 있을 전업 수험생을 생각하면 불안이 몰려왔다.

전업 수험생이라면 늦잠을 자고 일어나더라도 9시쯤 착석을 해서 공부를 시작하고 저녁 7시쯤만 되어도 이미 10시간은 착석을 한 것이다. 여기서 이제 조금만 더 공부하면 하루 공부 일과가 마무리된다. 반면 직장병행인은 전업 수험생이 이제 마무리해야 하는 시간인 저녁 7시가 진정한 하루의 공부 시작 시간이 된다. 거기에 더해 하루 종일 일하고 와서 떨어진 체력은 더 악조건으로 작용한다.

이런 상황에서 전업 수험생보다 턱없이 적은 공부시간으로 과연 전문직 시험에 합격할 수 있을까? 하는 불안감은 1차, 2차 노무사 도전에서 실패를 하면서 더욱 커졌고 다소 심란하기도 했다.

하지만 그나마 스스로에게 위안을 주며 다독이게 했던 것은 다름 아닌 '행정고시 불합격한 수험경험'이었다.

행정고시를 공부한다고 전업 수험을 했던 시절을 돌이켜보면 아침 8시는커녕 11시에 일어나기도 하고 독서실에 안 가고 집에서 뒹굴뒹굴하며 게임을 하기도 했고 독서실에 가더라도 한두 시간 공부하고 한두 시간 핸드폰 보며 노는 등 한숨 나오는 수험생활을 하기도 했다.

당시에는 나름대로 열심히 공부했다고 생각했으나 지금 시점에서 돌이켜보면 '과연 열심히 한 것일까?'라는 의문이 들 정도였고 직장병행을 하는 지금이 훨씬 더 많이 공부했던 것 같다.

여기서 생각할 수 있는 건, 노무사 등 시험을 준비하는 수험생들도 마찬가지지 않을까? 하는 생각이다. 노무사 수험생 중에서 전업으로 공부하는 사람들이 많겠지만 과연 정말로 절박하게 열심히 하는 전업 수험생 수도 많을까? 필자가 과거 행정고시 공부했을 때를 생각해 보면 필자와 같은 무늬만 수험생도 분명히 상당히 많을 것이다. 그런 생각이 들자, 시간 없는 직장병행인이지만, 전업 수험생과도 경쟁해 볼 만하다고 생각되었다.

노무사 수험생 중에서 전업 수험생이 몇 명인지, 그리고 그 중 무늬만 수험생이 몇 명인지는 알 수 없으나 필자가 합격한 것을 보면 어느 정도는 맞지 않았을까 싶다.

그래서 결론은, 직장병행이라 시간이 없다고 하더라도 충분히 노력하면 합격권에 이를 수 있으니 너무 부담감과 압박감, 불안감을 느끼지 말고 열심히 노력하길 바란다.

5. '떨어져도 괜찮다', 허송세월은 아닌 직장병행

많은 시간을 투자하여 공부를 해서 합격하면 더할 나위 없이 기쁘지만, 불합격하면 참담한 심경이 드는 것이 정상이다. 다시 공부해야 하는 압박감, 주변인들에게 떨어졌다고 말해야 하는 부끄러움 등등 여러 가지 감정이 들 수는 있다.

하지만 그럼에도 공부했던 경험은 어떤 식으로든 결국 도움이 될 것이다. 좀 더 낮은 난이도의 시험이나 자격증에 도전할 때 도움이 된다든가, 보고서 작성 능력이 올라간다든가, 언변이 좋아진다든가, 끈기와 인내심을 길러준다든가 등등, 분명 예전의 '나'보다 더 나은 '나'가 되도록은 해줄 것이다.

필자도 고시 공부를 오래 했던 터라 불합격으로 매듭을 짓게 되었을 때 참담한 심정이 들기는 했다. 하지만 그 고시 공부를 하면서 얻었던 지식 덕에 과목이 유사한 7급 시험에 3개월 만에 합격했고, 논술형 시험 경험 덕에 직장병행으로 노무사 시험에 합격할 수 있었다.

아무것도 아닌 채 날아가 버린 줄 알았던 고시 공부 경험이 결국

엔 더 나은 '나'로 이끌어 주었다고 생각하기에 고시에 떨어졌었음에도 공부했던 날들이 아쉽지는 않다.

분명 공부를 해서 합격하는 게 좋지만 떨어지더라도 너무 낙심하지 말고 그걸 발판으로 재도전을 위해 뛰어가든가, 다른 길을 가는 발판으로 쓰든가 하면 된다. 기회는 많이 있음을 꼭 알아두면 좋겠다.

6. 공부하느라 회사에서 소외되면 어쩌지?

직장인들이 힘든 격무 속에서도 계속해서 일을 할 수 있는 데는 뒤에 있는 가족 덕분도 있지만 옆에 있는 동료 덕도 크다. 직장이라는 곳도 결국 인간관계 속에서 이루어지는 곳이기 때문에 동료와의 친분도 매우 중요하다. 그런 동료들과 친분을 쌓는 것은 아무래도 결국 '점심시간'과 '저녁 시간'에 주로 이루어진다.

하지만 슬프게도, 시간 없는 직장병행인에게는 필수적으로 참여해야 하는 회식과 어쩔 수 없는 야근만으로도 벅찬데 동료애를 키우기 위한 사적인 약속까지 잡기는 참 힘들다.

필자도 좋은 사람들과 더 친해지기 위해 점심이나 저녁을 같이 먹고 싶었으나 참았던 적이 많아 아쉽기도 했다.

그렇지만 속상해하지는 않아도 된다. 본인이 일을 열심히 하고 협력해야 할 때 협력하며 업무시간에 간간이 얘기를 나누는 것만으로도 충분히 좋은 사람들과 친해질 수 있다. 필자도 모난 성격은 아니어서 그런지 점심이나 저녁에 거의 약속을 잡지 않았지만 결국은 친한 사람들이 생기고 회사 생활이 나름대로 즐거웠다. 그러니 '공부하느라 친분을 쌓을 시간이 없어서 동료한테 외면당하면 어쩌지?' 하는 불안감은 가지지 않아도 된다. 업무시간에 열심히만 하면 충분하다.

7. '열심히 하면 언젠가는 붙는다' 단순한 진리

행정고시도 준비했고, 7급 공무원 시험도 준비했으며, 공인노무사와 손해사정사라는 전문직 시험도 준비했다. 여러 종류의 시험을 준비하며 느낀 것은 필자가 합격한 시험들 정도는 '열심히 하면 되기는 한다.'이다. 혹자는 기본 베이스가 있다는 둥 머리가 좋다는 둥 할 수도 있지만 앞의 열거한 시험을 보면 (불합격한 행정고시를 빼고) 필자가 합격한 시험보다 더 높은 난이도의 상위 시험들이 존재하고 서점가의 여러 천재의 수험비법 책들의 저자들과 비교해 보면 크게 내세울 것 없는 스펙이다. 그래서 행정고시나 변호사시험, 회계사시험은 엉덩이로만 공부하는 것이 아니라 머리도 필요하고 운도 필요하다고 생각한다.

그렇지만 필자가 합격한 시험들 정도는 수험량이 어느 정도 한정되어있다는 점, 빠르고 정확한 두뇌 회전보다는 암기가 더 중시된다는 점, 경쟁 수험 풀이 엘리트들로만 구성된 게 아니라는 점 등을 볼 때 정말 열심히 노력한다면 불가능한 정도의 시험은 아니다.

물론 100%가 합격이라 볼 때 99%까지 준비했다가 아쉽게 1%가 부족해서 떨어지는 사람도 있을 것이고 그분들의 99%까지 가기 위한 노력이 결코 쉽다고 볼 수는 없다. 하지만 99%까지 올라갔으니 100%까지 가는 게 불가능한 건 아닌 시험이라는 점을 알아두면 좋을 것 같다. 필자의 경험상 시간을 꾸준히 투입하여 열심히, 간절하게 공부하면 필자가 합격한 시험 정도는 합격할 수 있을 것이다.

8. 슬럼프 대처법, 일단 책상에 앉자

전업 수험생이든 직장병행인이든 수험생활 중 슬럼프는 꼭 온다. 슬럼프가 올 때 대응하는 방법은 사람마다 각양각색으로, 그냥 덮어놓고 쉬는 사람이 있는가 하면, 공부가 되든 안 되든 일단 책상에 앉아있는 사람도 있다.

필자의 경우 후자였는데 슬럼프가 와서 공부하고 싶은 마음이 도무지 생기지 않는다고 하더라도 일단 책상에 앉았다. 책상에 앉으면 의외로 공부가 그럭저럭 되는 경우도 있었고, 그렇지 않고 괜히 책상에 앉았나 싶은 적도 있다.

한번은 슬럼프가 온 것같이 몸이 너무 지쳐서 퇴근하고 집에서 쉴까, 했지만 억지로 스터디 카페를 가서 앉았다. 앉으니 공부하기는 했으나 한 3시간 동안 30분 정도만 공부하였고 나머지 시간은 핸드폰을 보며 딴짓하였다. 그럼에도 어쨌든 스터디 카페에 와서 조금이라도 공부를 한 덕에 공부의 연속성과 몰입감이 유지되어 그다음 날에는 오히려 더 공부가 잘 되었다. 과거 경험상 슬럼프가 온 것 같다는 이유로 만약 그날 공부를 아예 쉬었다면 그다음 날도 또 쉬고 싶다고 생각했을 것이고 합격에는 멀어졌을 것이다. 정말 아파서 힘든 상황이 아니라면 슬럼프라 생각되어 쉬더라도, 책상에서 쉬는 걸로 하자.

제5부

직장병행 수험생의 리얼 에피소드

1. 에피소드 1: 직장병행인에게 '점심시간'이란?

대부분의 직장인에게 점심시간은 회사 생활 중 가장 달콤한 시간이다. 직장동료들과 약속을 잡고 맛있는 것을 먹고 카페에 가서 이야기꽃을 피우며 한숨 돌리는 시간, 중고등학교 때와 비슷하다.

하지만 시간 없는 직장병행인에게는 그러한 것들은 사치다. 혹자는 점심때는 일하다 피곤할 텐데 좀 쉬지 뭘 꾸역꾸역 그 시간에 공부하냐고 하겠으나, 평범한 직장병행인이라면 점심시간에 책을 놓지 말아야 한다. 일반적인 주 5일제 9~18시 근무 형태에서 아침 공부를 하고 나서 점심에 공부를 하지 않은 채 저녁에 공부하려면 공부의 연속성이 끊겨 공부 몰입감이 떨어지게 되고 집중하려면 더 많은 체력이 소모된다. 공부내용에 대한 기억이 가물가물해지기도 한다.

전업 수험생은 종일 공부하니 약간씩 쉬더라도 쉽게 공부에 집중할 수 있으나 직장병행인은 종일 공부할 여건이 되지 않는다. 그렇기에 아침 공부 후 오전 근무와 오후 근무 사이인 중간 점심시간에 한

번 공부에 집중함으로써 아침 공부와 저녁 공부 간의 연속성을 유지할 수 있다. 또한 오전 근무와 오후 근무시간에는 공부를 못 한다는 압박감이 들면서 점심시간 공부가 생각보다 집중이 잘 된다.

그러다 보니 수험기간 동안 필자에게 점심시간이란 밥 먹고 쉬는 시간이 아니라 초 집중해야 하는 공부시간이었다. 처음부터 그랬던 건 아니고 공부를 하다 보니 도저히 시간이 나지 않아 점심을 먹지 말자고 마음먹었다.

처음 점심을 안 먹었을 때 배고프면 어쩌지 싶었으나 공부에 대한 압박감이 더 컸기 때문인지 생각보다 배고프지는 않았다. 오히려 공부시간을 주중에 확보할 수 있다는 것에 즐거움을 느꼈고 밥도 안 먹고 쉬지도 않은 채 공부를 하는 것이니 더 성과를 내야 한다는 생각에 집중해서 공부할 수 있었다.

1, 2차 도전 때는 점심시간에 같은 과 사람들끼리 다 같이 구내식당을 가는 문화가 있었기 때문에 밥을 안 먹는다 하면 눈치가 보여 밥을 먹었다. 그럼에도 시험 직전이 다가왔을 때는 어쩔 수 없이 다이어트를 핑계로 밥을 먹지 않았다. 그때부터 필자는 점심을 안 먹는 신기한 사람이 되었으나 어쩔 수가 없었고 포기하니 편했다.

다행히 3차 도전 때 소속기관은 필자처럼 밥을 안 먹고 쉬는 사람들도 많아 전혀 눈치 볼 필요 없어 자유롭게 공부가 가능했다.

2. 에피소드 2: 회식, 받아들여야 하는 '사고'

직장병행인에게 '회식'은 친구와의 약속처럼 선택할 수 있는 것이 아니라 피할 수 없는 '사고' 같은 일이다. 공무원이든 사기업이든 사람들이 함께 모여 일하는 조직인 이상 회식은 있을 수밖에 없고 회식 있는 날은 공부가 어려우니 참석 여부가 참 고민이 된다.

조직마다 분위기가 다를 수 있으나 아무래도 회식 불참은 조직에서 '겉돈다'라는 얘기가 나올 수 있으므로 개인적인 견해로는 최대한 참석을 하는 게 맞다. (물론 시험 직전 한 달 전은 금지)

시험에 합격해서 이 조직을 떠날 각오라면 회식에 불참해도 문제없으나, 합격할 것이란 걸 누가 보장해 주는 게 아니니… 그리고 회식에 불참해서 말이 나오면 스트레스가 생겨 공부에 지장을 줄 수 있으니 웬만하면 마음 편하게 참석하는 것이 낫지 않을까 싶다.

긍정적인 생각을 하면 회식이 공부에 도움이 될 수도 있다. 회식이 예정되면 그날은 공부를 못 한다는 걸 염두에 두고 그 전날 공부에 더 몰두하게 된다는 점, 운 좋게 회식이 일찍 끝나면 뜻밖의 공부시간이 확보될 수 있다는 점 등등 긍정적인 점도 있다.

어쨌든 회식은 조직생활을 하다 보면 피할 수 없는 경우가 있으니, 일종의 '사고'라 생각하고 너무 스트레스를 받지 말아야 한다.

3. 에피소드 3: 직장에 "저 공부합니다"라고 말해야 할까?

많은 직장병행인들이 고민하는 것 중 하나가 직장에 본인이 공부한다는 것을 알려야 하는지 비밀로 해야 하는지이다.

필자도 당연히 이 부분을 많이 고민하였다. 그러다 아래와 같은 생각들을 하며 고민한 끝에 비밀로 하기로 했다.

공부한다고 알리는 경우의 장단점을 정리해 보았고 단점은 아래와 같다.

① 업무적으로 별문제가 없음에도 약간이라도 실수하거나 허점이 보이면 '공부하느라 다른 곳에 정신이 쏠려서 그렇다'라는 편견을 쉽게 받을 수 있다.

② 시험에 떨어졌을 경우 앞에선 위로할지 몰라도 뒤에서도 위로해 줄 거라 기대하는 건 힘들다. 비웃음까지는 나오지 않을 수 있으나 비아냥 정도는 각오해야 할지도 모른다.

③ 공부한다고 알린다 해서 얻는 게 없다. 직장병행으로 공부한다고 하면 '아 저 사람은 이 조직을 별로 좋아하지 않는구나, 붙으면 떠나겠구나' 생각을 하지 '공부를 하니 우리가 배려해 줘야겠다'라고 생각하지 않는다. 이기적인 것이 아니라 당연한 반응이고 배려를 기대해서도 안 된다. 오히려 혹시나 공부 때문에 직장 업무에 소홀히 하여 안 좋은 소리를 듣지 않을까? 하는 우려에 더 열심히 일해야 한다는 압박감이 들 수 있다.

공부한다고 회사에 알리면 얻게 되는 장점은 아래와 같다.

① 자기 계발을 위해 퇴근 후나 주말에도 열심히 노력하는 사람이라고 허세 아닌 허세를 부릴 수 있다.

② 나름대로 수험공부를 하며 일반인보다는 해당 분야의 전문성을 갖출 수 있다.

위와 같이 두 상황을 비교했을 때 직장병행 시 공부를 한다고 회사에 알리는 건 득보다 실이 많아 보인다.

이러한 생각들 끝에 필자는 직장에서 비밀로 하였고 지금 돌이켜 봐도 그게 맞다고 생각한다.

4. 에피소드 4: 칼퇴 하다가 핀잔을 듣다

시간 없는 직장병행인에게 공부시간 확보는 매우 중요하므로 특별히 일이 많아 야근해야 하는 상황이 아니라면 칼퇴를 해야 한다. 일이 많음에도 칼퇴를 하면 문제가 되지만, 일이 없다면 굳이 회사에 남아있을 이유가 없다.

하지만 어딜 가나 회사에 다양한 사람이 있듯이 일이 없어도 일찍 퇴근하면 못마땅한 사람이 있을 수 있다. 다행히 여태까지 필자가 거쳤던 부서에서는 칼퇴 하시는 분들이 많아서 눈치를 받은 적은 없다. 다만, 결혼도 하지 않은 젊은 사람이 저녁에 특별히 약속도 없으면서 칼퇴 하는 걸 좀 의아하게 생각하는 분들은 몇 있었다.

집에 가서 뭐 하냐는 질문을 여러 번 받았고 그럴 때마다 공부한다고 말할 수는 없으니 피곤해서 누워있다고 말했다. 그렇게 말하니 좋은 젊은 날을 허송세월하는 사람처럼 보였는지 저녁에 모임을 나가라는 둥, 동호회를 하라는 둥, 다른 부서 사람들이랑 약속 잡고 교류 좀 하라는 둥 나름의 조언(?)을 해주셨다. 지금 합격한 시점에서 그때로 돌아간다면 이렇게 말씀드리고 싶다. 허송세월하고 있던 게 아니라 미래를 위해 열심히 살고 있었다고.

5. 에피소드 5: 나만의 직장 내 아지트

집 근처 스터디 카페 외 직장에도 공부장소를 확보할 필요가 있다. 그래야 갑자기 아침에 일찍 출근하게 되었을 때나 점심시간 때마다 직장 내에서도 집중력 있는 공부를 할 수 있다. 직장에다가 공부한다는 것을 알린 상황이라면 그나마 사정이 낫겠지만, 비밀로 하는 상황이라면 공부장소를 찾기는 참 어렵다.

필자의 경우도 사무실이나 휴게실같이 공개된 장소는 공부한다는 사실이 알려질 수 있어 피해야 하다 보니 적합한 공간이 별로 없었다. 어떤 부처에는 1인 독서실 같은 걸 운영하고 있다던데 참 부럽다는 생각이 들었다.

다행히 노무사 시험 1차 도전과 2차 도전 당시에는 직장 근처에 스터디 카페가 있어 점심시간에 편안한 공부시간을 확보할 수 있었다. 물론 직장에서 스터디 카페까지 걸어가는 것이 눈치가 보이긴 했다. 우연히 스터디 카페가 있는 건물에서 점심 먹고 나오는 직장 사람들을 마주치자 '공부하냐?'라는 장난스러운 말을 듣고 건물에 있는 병원 다녀왔다고 거짓말을 하기도 했다.

하지만 노무사 시험 3차 도전 당시와 손해사정사 도전 당시에는 세종 정부청사에서 근무하였기 때문에 회사 근처에는 음식점만 있을 뿐 스터디 카페는 없었다. 그나마 다행인 것은 정부청사가 각 부처끼리 연결되어 매우 크고 넓다 보니 구석구석 앉아서 공부할 수 있는 곳이 간간이 있었고 필자도 한 곳을 찾아서 오랫동안 정착을 하였다. 하지만 완전히 밀폐된 곳은 아니었기 때문에 등을 지고 잘 안 보이게 앉아 공부했다. 그럼에도 혹 공부하는 것을 들킬까 봐 사람들이 지나갈 때면 긴장하기도 했다.

사람들이 보고도 모른 체를 했는지 아니면 정말 못 봤는지는 알 수 없으나, 다행히 수험기간 내내 한 번도 공부하는 것을 들키지 않았고 조용하게 수험생활을 마무리할 수 있었다.

직장병행을 하는 분들이라면 이렇게 직장에서 점심시간이든 아침시간이든 공부할 수 있는 나만의 장소를 한두 군데는 찾아두길 바란다.

6. 에피소드 6: "노사전문가가 말해봐", 뜬금없이 받은 불쾌한 조롱

앞서 말했듯 직장병행으로 공부하게 되었을 때 최대한 직장에는 알리지 않는 걸 추천하나, 의도치 않게 알려지는 경우도 있다. 3차(마지막) 노무사 시험 도전을 했을 때의 일이다.

노무사 시험준비를 한다는 것을 최대한 숨기고 지냈으나 어떤 직원이 어떤 경로를 통해 내가 노무사 준비한다는 걸 알게 되었는지는 모르나, 우연히 업무 중에 인력에 관련된 문제로 여러 사람과 토의하고 있었는데 뜬금 '노사전문가가 한번 말해봐'라며 웃으며 말하는데 다른 사람들은 무슨 말인지 몰라 그냥 흘려넘겼지만, 당사자인 나는 대강 상황이 파악되었고 불쾌함이 들었다. 수험 중이라는 걸 공개하지 않았음에도 그 사실을 공개적으로 비아냥거리듯 우스개로 말을 하니 '절박하게 준비하는' 직장병행이 가볍게 평가되는 것 같아 기분이 썩 좋지 않았다.

다행히 그해 시험에 합격했고 뒤늦게 노무사 시험에 합격했다는 걸 그 직원이 알고 놀라던 모습을 보며 나름 통쾌함을 느꼈지만 어쨌든 그런 경험을 겪으며 느낀 것은 직장병행은 웬만하면 공개하지 않는 것이 좋다. 괜히 공개해 봐야 기나긴 힘든 여정을 비아냥거리는 사람이 있을 수 있다. 물론 진심으로 걱정하고 격려해 주는 사람도 있겠지만, 어차피 공부는 혼자 해야 한다.

7. 에피소드 7: 합격자 발표 당일, 심장이 터질 것 같았던 순간

2차 시험을 친 후 기다리고 기다리던 합격자 발표일이 왔다. 전날 밤까지 행복회로를 계속 돌렸지만, 발표 시간이 다가올수록 초조함과 불안함은 커질 수밖에 없었다. 사무실에 출근하여 착석하고 발표 시간인 9시를 숨죽이며 기다리고 있었다.

차라리 아침부터 업무하느라 정신없었다면 좋았을 수도 있겠다 싶었지만, 그날따라 사무실은 조용하다 못해 고요하였다. 8시 59분이 되자 극도로 긴장이 되었고, 숨조차 쉬지 못한 채 핸드폰과 시계만 번갈아 보았다.

54, 55, 56, 57… 9시! 이때부터는 피가 멈춘 느낌이었다. 이제 9시가 되었으니 몇 초, 아니면 몇 분 안에 합격 문자가 와야 했다. 세상이 멈춘 것 같은 느낌이 드는 긴장 속에서 갑자기 핸드폰 진동이 울렸다.

황급히 핸드폰을 보자 나도 모르게 사무실에서 벌떡 일어나 '와!'

하고 소리 질렀다. 합격 문자였다. 주변 사람들이 무슨 일이냐고 하자 합격 사실을 말했고 다들 축하해주었다.

누군가에게는 별것 아닌 자격증일 수 있지만 필자에게는 매우 간절했던 자격증이었기에 합격은 그만큼 감개무량이었다.

합격 후의 기쁨은 한 열흘은 구름 위를 날아다니는 느낌이었고 한 달은 구름을 걷는 느낌이었다.

합격이 좋았던 것은 직장병행으로 공부해야 한다는 압박에서 벗어났다는 것이고, 주머니에 항상 넣어 다니던 목차 수첩 노트를 더는 넣지 않고 홀가분하게 다닐 수 있다는 것이었다. 특히 아침 점심 저녁에 필자가 하고 싶은 것을 마음껏 하며 보낼 수 있다는 것이 좋았다.

필자와 가까운 사람이든 안 친한 사람이든 오랫동안 힘들었던 직장병행 수험에 대해 대견하다 칭찬하며 축하해주었다. 힘들었던 지난날을 인정받고 보상받는 느낌이 참 좋았다.

제6부

행정고시 실패,
그리고 깨달은 것들

1. 들어가며

굳이 불합격으로 끝난 행정고시 수험을 분석하는 챕터를 적는 이유는 수험에 성공하려면 해야 할 것들을 알아두는 것도 중요하지만 하지 말아야 할 것들을 아는 것도 중요하기 때문이다. 아니, 오히려 더 중요할 수도 있다. 이 챕터를 읽은 분들은 앞으로 수험할 때 필자가 했던 실수를 반복하지 않으면 좋겠다.

2. 행정고시 수험기: 내 수험 인생의 가장 큰 오답 노트

2009년에 대학교에 입학하여 2013년 행정고시(현재의 5급 공채) 준비를 시작하였고 2017년 행정고시 불합격을 끝으로 고시 공부는 끝났다. 마지막 시험을 칠 때는 약 3개월 정도는 지금 돌이켜봐도 전력을 다했다고 생각될 정도로 노력했으나 평균 점수 약 1점 정도로 떨어졌다. 물론 논술형 2차 시험에서 1점이란 건 매우 큰 차이이기 때문에 아쉽다고 생각하기는 무리다. 다만, 단순히 점수에 대해 아쉬움보다는 당시 다른 과목은 점수가 좋았으나 정치학 과목이 매우 낮게 나와 발목을 잡혔던 게 아쉬웠다.

그렇게 마지막 도전은 아쉬움으로 마무리하였지만, 같은 해에 7급 공채에 응시하여 얼떨결에 합격하면서 수험생활을 벗어나게 되었다. 오랫동안 원했던 결과는 아니었지만 그래도 공직에 입문하는 것으로 긴 수험생활이 끝나 그나마 다행이었다.

수험 당시에는 열심히 공부한다고 생각했으나 지금 돌이켜 생각해 보면 행정고시 공부 시절은 무늬만 수험생에 가까웠었고 결과가 불합격이었던 건 당연한 것 같다.

다만, 변명하는 것으로 비칠 수 있지만 실패 원인을 따져보면, 행정고시의 경우 1차 시험이 머리가 좋은 사람에게 유리하고 평범한 사람에게는 불리할 수밖에 없는 시험 형태였다.

더구나 유예 제도도 없어서 1번 떨어지면 그대로 1년이 날아가고 그다음 연도 수험에도 지장을 주었던 게 무늬만 수험생이 된 이유라 생각한다.

1년 동안 열심히 공부에 매진하다가 그다음 해 1차 시험에 불합격하면 심리적으로 위축이 되고 공부가 손에 잘 안 잡히면서 1년을 어영부영 날리게 된다. 그 후 다음 해 1차를 어렵게 붙더라도 문제다. 작년에 1차를 붙고 2차 경험까지 있는 경쟁자인 수험생들에 비해 작년에 멘탈이 나가 제대로 공부하지 않은 상태이다 보니 2차 점수도 저조하게 나오는 악순환이 반복된다.

물론, 1차 시험에 떨어진 해에도 전력을 다해 공부를 해서 그다음 해 1차를 붙고 2차까지 한 번에 합격하는 게 올바른 수험전략이라는 건 알고 있다. 하지만 필자는 평범한 사람이었기 때문에 멘탈이 그 정도로 강하지 못했다. 결국 지금 와서 보면 당시 절박한 마음은 강했을지 모르나 마음가짐은 안이하고, 안이하며, 안이했고, 불합격은 당연한 결과였던 듯하다.

서두에 썼듯 몸이 편하고 현재 생활에 만족하면, 앞으로 더 나아갈 의욕이 없어지고 현재에 안주하게 된다.

오히려 직장병행을 하며 퇴근 후 온몸이 부서지듯 힘든 상황에서도 억지로 우겨가며 공부하던 노무사 공부 때가, 전업으로 편하게 독서실에서 시간을 보내던 행정고시 수험 때보다 훨씬 공부를 더 많이 하였다. 또한 행정고시 수험을 할 때에도 합격하고자 하는 마음이 절박했다고 생각했었으나 나중에 직장병행으로 노무사 수험을 하던 시점에서 돌이켜보면 행정고시 수험 때의 절박함은 매우 부족하지 않았나 싶다.

3. 행정고시 불합격의 진짜 이유: 5가지 '독'에 걸리다

1) 불규칙적 생활

고시 준비를 한다고 혼자 고시원에서 자취할 때를 보면 참 가관이었다고 생각한다. 그 당시 일기를 쓴 것을 보면 '오늘도 늦잠을 자고 말았다. 내일부터는 정말 열심히 공부하겠다.', '정말 난 한심하다. 어제 그렇게 약속하고도 또 늦잠을 자다니', '오늘은 공부할 체력이 아니니 찜질방을 갔다.' 등등 이런 수험생으로서 절박함이라고는 없는 수험생활들을 많이 보냈다.

나중에 한참 지나고 나서 직장을 다니게 된 후에는 그 일기를 보면 재밌어서 웃음이 나왔지만 안타깝게도 필자의 어머니는 그러지 못했는지 화가 나서 그 일기를 버리고 말았다.

공부는 안 하고 한심한 생활을 하고 있었으니, 화가 난 건 이해가 가지만 나름대로 추억이 있는 일기인데 없어져서 아쉽다.

2) 나 홀로 공부

고시 공부를 혼자서 하던 중에 어떤 사람이 '고시반에 들어가라, 고시반 같은 데를 가서 다른 사람들과 같이 공부해야 가능성이 더 높아진다.'라는 말을 했었다. 하지만 필자는 그 말을 한 귀로 흘려듣고 계속해서 혼자 공부했다. 고시반을 생각 안 한 건 아니지만 들어가지 않은 이유는 구속된 생활을 하기 싫었고 나보다 잘하는 사람과 비교당하면서 압박감을 받고 싶지 않았다.

하지만 앞서 1번에서 말한 것처럼 혼자 공부하다 수험생활이 엉망이 되었던 걸 보면, 혼자서 공부가 잘되지 않는다 싶으면 무조건 고시반에 들어갈 것을 추천한다. 대학교에 고시반이 운영되지 않거나 정말 들어가기가 여의치 않다면, 생활 스터디라도 꼭 하길 바란다.

힘들겠지만 어느 정도 구속받고, 경쟁심도 느껴야 스스로 채찍질을 하면서 '정상적인' 수험생활을 할 수 있다. 필자도 현재로서는 고시 실패 결과에 대한 아쉬움은 거의 없으나, 수험 당시에 고시반을 가든, 스터디를 하든 했더라면 결과는 달라지지 않았을까? 하는 과정적인 면에 대해서는 아쉬움이 남는다.

3) 무지성 암기

처음에 논술형 시험을 준비한다고 했을 때 어떻게 공부해야 하는지를 잘 몰랐던 탓인지 무작정 암기를 했다. 행정법을 예로 들면 당시 강사 교재의 주제별로 있던 내용들을 토씨 하나까지 다 외우고 앉아있었다. 일종의 '극강의 통 암기'였다.

필자는 행정고시 공부 당시 행정법 과목을 학설과 판례와 같은 주요 부분이 아닌, 개요, 문제점 등 쓸데없는 부분까지 지나치게 밀도 높게 암기하려고 했다. 판례를 중심으로 키워드를 암기해야 하는 것을 서론부터 결론까지 외우려 하다 보니 시간도 오래 걸렸고 현출도 잘되지 않아 공부가 힘들었다. 학원 강의를 들으면서 공부했지만 논술형 시험의 공부 방법 자체에 대해서는 알려주지 않았기 때문에 나만의 '착각'으로 논술형 시험 공부는 이렇게 촘촘하게 암기해야 해! 라는 생각에 했던 아주 비효율적인 공부 방법이었다.

적극적으로 공부 방법을 찾지 못했던 내 탓이기도 하고, 그런 멘토를 만나지 못했던 내 운 탓이기도 했지만 어쨌든 그러한 무지성 암기로 인해 행정법 공부에 너무 시간과 정성을 할애하느라 전반적으로 수험이 더 어려워졌었다.

4) 암기 소홀

3)에서 무지성 암기로 인해 수험이 힘들어졌다고 했는데 4)에서는 암기 소홀이라니 의문 드는 분들이 많으실 테다.

설명을 하자면, 3)의 내용은 '암기 안 해도 되는 부분까지 모조리 암기하려는 문제'였고, 4)에서 얘기할 내용은 '암기해야 하는데 안 하고 이해만 하려 했던 문제'이다. 세간에서 하는 말 중 하나가 '이해가 되어야 암기가 수월하게 또는 자연스럽게 된다'라는 것인데 행정고시의 경제학 공부를 할 때도 계속 이해만 하려 하다 보니 외워야 하는 주요 공식과 각종 이론을 아무리 읽어도 머릿속에 잘 들어가지 않았다. 행정법을 암기하려는 노력의 반의반만큼만이라도 암기하려 노력했으면 훨씬 더 빠른 진척이 있었을 것이다.

결국 3)과 4)를 종합하면, 행정법은 너무 암기에 치중해서 문제였고 경제학은 너무 이해에 치중해서 문제였다. 다행히 이러한 문제는 행정고시 수험 후반에 가서는 문제를 인지하고 열심히 암기를 해서 경제학은 80점대의 괜찮은 점수를 받았고 행정법도 평이한 점수를 받기는 했다.

이러한 3)과 4)의 경험은 노무사 수험 때에 큰 도움을 주었다. 노동법의 경우 쟁점마다 적시된 판례를 중심으로 한 암기를 하였고, 노동경제학의 경우 적당히 이해한 후 주요 이론과 공식에 관한 암기를 하였다. 이를 통해 과거 행정고시 때의 실수는 줄일 수 있었다.

5) 끈기 부족

앞의 행정고시 수험 수기에서도 말했듯이 행정고시 불합격의 가장 큰 이유는 계속해서 공부하지 않았기 때문이다. 행정고시는 유예제도가 없으므로 1차 합격을 해도 그 해 2차에서 떨어지면 다시 1차를 쳐야 한다. 1차 PSAT의 경우 노력보다는 기본적인 머리가 아주 중요한 시험이기 때문에 소위 PSAT형 인간이 아닌 평범한 사람이라면 1차의 부담감은 매우 크다.

필자도 행정고시 공부를 하면서 1차를 3번 붙고 2번 떨어졌다. (전혀 공부 안 하고 어릴 때 경험으로 쳤던 1번은 제외하겠다) 공부를 제대로 했음에도 1차에 떨어지자 당장의 의욕 상실, 낙심은 당연하고, 내년에 다시 도전했을 때도 떨어지면 어쩌지? 하는 불안감과 압박감이 매우 컸다. 문제는 그런 상황에서도 마음을 다잡고 계속해서 다음 해 2차를 대비하여 공부해야 했는데, 마음을 잡기란 쉽지 않았고 결국 그다음 해 1차를 붙었지만 2차 준비가 덜 되어 불합격하는 소위 '악화가 양화를 구축하는' 상황이 되었다.

쉽게 말해 예로 들면,

① PSAT형 합격자

- '24년 1차 합격 -> 열심히 2차 준비 -> 불합격 -> '25년 1차 합격 -> 열심히 2차 준비 -> 합격

② 평범한 합격자

- '24년 1차 불합격 -> 열심히 2차 준비 -> '25년 1차 합격 -> 열심히 2차 준비 -> 합격

③ 평범한 불합격자

- '24년 1차 불합격 -> 방황하며 제대로 공부 못함 -> '25년 1차 합격 -> 열심히 2차 준비 -> 불합격

위와 같이 ①번 케이스가 가장 좋으나, 최소한 합격하려면 ②번 케이스라도 해야 한다. 하지만 필자를 포함한 대부분의 평범한 사람들은 ③번 케이스가 되면서 불합격하게 된다.

그리고 하나 더 생각해 볼 것은, ①번과 같이 1차 합격한 사람들은 전력으로 2차 준비를 하므로 그다음 해 시험에도 확률적으로 합격 가능성이 더 높다.

다만, 모든 사람이 ①번과 같이 PSAT형 인간도 아니고 행정고시 합격자 중 ②번 케이스도 정말 많을 것이다. 말이 쉽지 ②와 같이 1차 불합격에도 불구하고 마음을 잡고 2차 공부를 매진하기는 정말 쉽지 않다.

어쨌든, 필자는 그 당시에 마음을 다잡지 못하여 1차 불합격 후 공부를 제대로 하지 못했고, 그 여파가 이어져서 다음 해에 1차 합격했음에도 2차 합격을 하지 못했다.

다행인 것은 대부분의 전문직 시험은 유예제도가 있어 1차 합격

시 그다음 해까지는 마음 편하게 공부할 수 있으니 행정고시 시험제도보다는 상황이 훨씬 낫다.

그렇지만 행정고시보다 전문직 시험이 반드시 유리한 것은 아니다. 왜냐하면 본인 외에도 모든 사람에게 그 유리함이 적용되는 것이니. 실제로 필자도 노무사 시험 때는 유예제도의 혜택을 못 보고 마지막 도전 시 1, 2차 시험 모두 치러야 했다.

필자와 같은 우를 범하지 않도록 이 글을 읽는 수험생이라면 1차든 2차든 불합격을 하더라도 정말 간절히 붙기를 바란다면 마음을 굳게 먹고 계속해서 공부를 해나가길 바란다.

제7부

시험 당일, 당신을 합격시키는 5가지 전략

1. 최상의 컨디션, 절대 우연이 아니다.

당연한 말이겠지만 시험 당일은 최상의 컨디션을 유지할 수 있도록 만반의 준비를 해야 한다. 이러한 컨디션은 운에 맡겨야 하는 우연이 아니고 식단관리, 건강관리를 통해 미리 철저히 준비해야 한다.

먼저 최소한 시험 일주일 전쯤부터는 식단관리를 해야 한다. 여름철에 김밥, 굴 같은 걸 먹다가 식중독에 걸릴 수도 있고 노로바이러스로 고생할 수도 있다. 그렇게 되면 시험 난이도는 홀로 수직으로 상승해 버린다는 걸 명심해야 한다.

이런 게 팁인가 싶은 사람도 있겠지만 시험장을 여러 번 가본 경험상 성인들임에도 불구하고 시험 도중 화장실 때문에 손들고 나가는 경우를 정말 많이 봤다. 필자도 예전에 행정고시 준비할 때 일주일 전에 해파리냉채를 먹고 노로바이러스에 감염되는 바람에 정말 고생하며 시험장에 들어갔던 적이 있기도 하다.

식단관리 외에 건강관리는 꾸준히 해야 한다. 모든 수험생이 다 그렇지마는 특히 직장병행은 쉴 시간이 거의 없으므로 체력이 정말 많이 소모된다. 운동, 영양제 등으로 건강관리를 소홀히 한다면 몸이 무너져버릴 수가 있다. 필자도 노무사 시험을 준비할 때 건강을 소홀히 했고 마지막 도전 당시 몸에 이상이 와 한여름에도 핫팩, 전기담요, 내복을 들고 시험장에 들어갔었다. 결과가 합격이라 다행이었지만 그때 생각을 하면 지금도 아찔하다. 건강관리는 꼭 해서 최상의 컨디션으로 시험장에 들어가기를 바란다.

2. 수험 지식의 '만수위' 유지하기

대부분의 시험은 시험 직전에 얼만큼 지식을 '만수위'로 유지하고 가라고 해도 과언이 아니다. 시험을 불문하고 많은 합격생들이 하는 말이 수험 지식을 모두 완벽하게 수험기간 내내 유지하는 것이 아니라 시험 직전에 유지하는 것이다. 마치 깨진 장독대에 순간적으로 물을 가득 채워놓는 것처럼 말이다. 사람의 머리는 천재가 아닌 한 한계가 있어서 깨진 장독대처럼 물이 계속 빠져나갈 수밖에 없지만 그럼에도 계속해서 물을 채워 넣어야 한다. 그 과정이 수험이다. 그러다 시험 직전에는 물을 퍼부어서 깨진 장독대이지만 일시적으로 '만수위'를 유지해야 한다.

정말 이번이 마지막이라고 생각하는 시험이라면 한 1, 2주 정도는 직장 업무 외에 모든 정신과 체력을 수험에 집중하고 머릿속에 수험 지식을 모조리 집어넣는다는 마인드를 가져야 한다. 그러니 혹 직장 여건상 가능하다면 시험 직전에 최대한 연차 사용을 하거나 휴직하는 걸 추천한다.

3. 수험 준비물, '예비 합격생'의 자세

초등학교 준비물 챙기는 것도 아닌데 이 얘기를 하는 이유는, 의외로 시험장에 갈 때 각도기, 자를 챙기지 않고 가는 사람이 있다. 시계나 화이트 지우개는 필수다 보니 다들 잘 챙겨오나, 각도기, 자는 들고 가지 않는 사람이 꽤 많다. 각도기, 자를 챙기는 이유는 인사노무관리와 노동경제학에서 도형, 그래프를 그릴 때 필요하다. 시험채점자가 미술 교사도 아니고 얼마나 도형, 그래프가 예쁘게 그려졌는지 체크하는 것은 아니지만 깔끔하게 그리면 보다 가시적이고 직관적이어서 답안이 자신감 있어 보인다. 만약에 그래프가 삐뚤삐뚤하고 대충 그어버린 답안지가 있다면 채점자의 눈에는 성의 없고 자신감 없어 보일 수 있다.

글씨체랑은 좀 다르다. 글씨체는 많은 사람들이 악필이고 개선하기가 쉽지 않지만, 도형과 그래프는 자만 들고 가면 누구나 예쁘게 그릴 수 있다. 덧붙이면, 악필이라도 그래프나 도형이 유독 깔끔하면 반사효과로 글씨체도 좀 나아 보이기도 한다. 인사노무관리에서도 필요하지만, 특히 노동경제학에서는 필수이니 꼭 잊지 말고 챙겨가기를 바란다.

4. 좌절은 금물, 시험 종 울리기 전에는 끝난 게 아니다

수험공부를 아무리 많이 하더라도 불의타 문제가 나오는 건 어쩔 수 없다. 합격자라고 하여 모든 문제를 다 정확히 풀 수 있는 정도로 지식을 가지고 시험을 치는 건 아니다. 다만 불의타 문제가 나와도 합격자는 최대한 당황하지 않도록 스스로를 다독이며 자신이 공부한 내용 중 불의타 문제와 관련성이 있는 내용들을 쥐어짜서 답안을 작성한다. 반면에 공부를 많이 했음에도 불합격하는 사람들은 불의타 문제가 나오면 자신이 덜 공부했다고 생각하며 시험장에서 뜬금없는 자기반성을 하고 당황해하며 제대로 대응을 하지 못한다.

수험가에서 많이들 '어려운 문제는 너만 어려운 게 아니다. 다 어렵다. 그러니 당황하지 마라'라는 말을 하지만 실전에서 좀처럼 그 말을 실천하는 사람이 드물다.

필자가 노무사 합격을 했던 2022년도 노동경제학 문제가 그러했다. 기존과는 스타일이 완전히 달랐고 거기에 놀란 수험생들은 시험장에서 한숨들을 푹푹 쉬었다. 필자도 처음 시험지를 받아 들었을 때 '독학만 하더니 공부 방법이 완전히 잘못됐었구나' 하고 큰일났다고 생각했다.

하지만 주변에서 한숨 쉬는 소리가 들리자 '나만 어려운 게 아니구나'라는 안도를 하며 최대한 마음을 다독여 찬찬히 문제를 풀어나가 괜찮은 점수를 받았다.

절대 시험장에서는 어떤 문제가 나와도 좌절하지 말고 자신이 가진 정보로 최대한 답안작성을 완성하도록 해야 한다.

5. 아는 문제부터 풀기, 득점 전략의 기본 중의 기본

객관식 시험처럼 서술형 시험도 문제를 골라서 먼저 작성할 수 있다.

사람마다 다르겠지만, 필자는 본인이 잘 쓸 수 있는 문제부터 작성하는 걸 추천한다. 잘 모르거나 어려운 문제부터 풀면 생각을 많이 해야 하므로 시간도 많이 소비되고 그러면서도 아직 풀어야 할 문제가 많다는 불안감 때문에 어려운 문제가 더 잘 풀리지 않는다.

반면에 잘 아는 문제를 먼저 풀고 어려운 문제를 풀면, 잘 아는 문제를 풀 때는 시험 시작 초반이라 답안작성에 여유가 생겨 완성도를 올릴 수 있고, 그 후 어려운 문제를 풀 때도 훨씬 마음 편하게 문제에 접근하게 되어 의외로 잘 풀 수 있다. 단, 주의할 것은 잘 아는 문제에 너무 지나치게 힘을 주게 되어 양 조절에 실패하면 뒤의 문제들을 작성할 시간이 부족하게 되니 적당한 분량으로 조절하며 써야 한다.

제8부

직장병행 합격 그 후,
당신의 인생 로드맵

직장병행인이 시험에 합격하게 되면 이제 새로운 고민이 발생하게 된다.

어떤 시험이냐에 따라 다르지만, 회계사, 변리사 등 자격증은 물론이고 노무사나 손해사정사도 앞으로의 진로에 대해 고민하게 된다.

물론 일부는 직장병행을 마음먹게 된 이유가 자격증 취득 후 해당 경로로의 이직이어서 합격 후 기분 좋게 사표를 내고 퇴사하는 경우도 있다.

하지만 일부는 구체적인 방향은 정하지 않고 일단 합격한 후에 고민해 보자는 생각으로 직장병행을 하기도 하며, 이 경우는 합격 후에야 진로의 방향에 대해 고민하게 된다.

전문직 자격증을 취득한 대부분의 직장병행인들은 현재 직장의 업무와 크게 관련이 없는 경우가 많다. 물론 손해사정사의 경우 보험회사 직원들이 많이 준비하니 예외기는 하나, 세무사, 노무사 등의 전문직의 경우 일반 사기업이나 공무원, 공공기관에서 세법, 노동법

분야와 관련되는 업무를 하던 사람은 별로 없다.

즉, 직장병행을 하다 어렵게 자격을 취득하더라도 현재의 직장에서 그 자격증에 관련된 커리어를 쌓을 기회를 얻기는 힘들다. 이런 경우 자격증과 유관한 곳으로 이직을 하지 않는다면 결국 장롱면허가 될 가능성이 농후해지고, 힘든 시간을 견뎌내어 취득한 자격증은 어디 가서 자랑용의 자격증이 되고 어렵게 머릿속에 넣은 전문지식은 기억도 가물가물해진다.

따라서 필자는 취득한 자격증의 커리어 개발에 유의미한 직장이라면 남아있는 것도 괜찮으나 전혀 관련 없는 직장이라면 이직을 고민하는 것이 좋다고 생각한다.

노무사 이상급의 자격증이라면 자랑용 장롱면허로 따기에는 투입해야 할 시간과 노력이 너무 크고, 분명 인고의 시간을 견뎌내며 시험에 몰두했다는 건 그 자격증에 관련된 업무를 하고 싶다는 욕망이 컸을 것이다.

필자는 다행히 공무원이기는 하나 부처 내에 노동조합이 복수로 있고 종사자에도 공무원이 아닌 근로자들이 많이 있어서 노무사들도 여럿 이미 채용이 될 정도로 노무사로서의 커리어와 어느 정도 관련이 있는 부처였다. 덕분에 노무사 취득 후 이직을 고민할 수도 있었으나 노조 업무를 주로 하는 노사협력담당관실이라는 곳에서 일할 기회가 주어졌고, 수험 때 배웠던 노동 법리, 판례들을 실무에 활용하고 노동조합과 사용자 간 갈등을 다루고, 쟁의행위를 눈앞에서 보는 등 수험 때 기대했던 업무를 어느 정도는 할 수 있었다.

하지만, 필자는 행정직 공무원으로서의 행정업무들이 많았고 또 필자는 노동조합과 사용자 간의 다툼을 다루는 집단노동법보다는 개인들 간의 다툼을 다루는 개별노동법 쪽에 관심이 훨씬 컸었기 때문에 노무사를 취득하여, 하고 싶었던 일과는 다소 거리가 있었다.

결국 당시 우정사업본부 노사협력담당관실에서의 생활이 필자에게는 과분할 정도로 좋았으나, 원래 하고 싶었던 노무사로서 사인 간의 다툼을 중재하고 억울하고 안타까운 사람들을 보다 직접 도와줄 수 있는 근로감독관을 하고자 고용노동부로 자리를 옮겼다.

아직 업무를 한 지 오래되지는 않아 이렇다저렇다 길게 말을 하기는 어렵다. 생각했던 것보다 현장의 노동사건들은 당사자 간에 더 아픈 것이었고 그걸 다루는 근로감독관 업무도 더 힘든 것이었다. 다만, 그럼에도 처음에 노무사 공부를 시작했을 때 기대했던 전문성을 발휘하며 자신의 판단으로 사건을 다루고 그 과정에서 얻게 되는 만족감, 해결했을 때 민원인으로부터 받게 되는 감사하다는 인사는 업무의 난이도와 고단함을 잠시나마 잊게 해주고 여기에 잘 왔구나! 하는 기대 이상의 보람을 느끼고 있다.

근로자들의 권리가 나날이 신장하고 요즘 세대들의 부당한 대우에 큰 목소리를 내는 성향을 보면 노동 현장에서 노무사의 가치가 나날이 상승하고 있다. 손해사정사도 고령화 시대에 보험의 중요성이 커지고 있고 단독 개업이 가능한 나름 유망한 자격증인 만큼 꾸준한 인기가 있다.

필자가 직장을 다니며 노무사, 손해사정사 공부를 4~5년 하는 그 과정에서 많은 걸 포기하기도 했지만 많은 걸 얻었다고 생각한다. 특히 필자는 사람들에게 도움을 주는 일을 하고 싶었는데 두 자격증을 취득한 이후 어려운 상황에 처한 많은 사람을 상담해 주며 큰 보람을 느꼈다. 기존의 행정업무만 하던 공무원이었다면 느끼지 못했을 보람이었다.

그런 면에서 누군가 필자에게 직장병행을 추천하냐고 묻는다면 필자는 짧지만 아주 길고 긴 한 줄로 답하겠다. '평범한 사람에게는 어렵고 힘든 길이지만 그럼에도 꼭 도전해 보길…'

제9부

공무원 vs 전문직, 무엇이 더 나을까?

1. 들어가며

공무원 수험생, 전문직 수험생이 많은 커뮤니티나 직장인 커뮤니티에서 자주 나오는 화두이다.

사기업 다니는 분 중, 많은 분이 고용 불안정, 실적의 압박 등의 이유로 공직에 관심을 가지기도 하고 아니면 개인 사업을 하는 전문직을 도전해 보려 하기도 한다. 또 공무원들은 공직의 경직적인 구조, 낮은 연봉, 연공서열에 따른 보상 등에 회의를 느껴 전문직에 관심을 생각해 보기도 한다.

당연한 말이지만 각 직업 모두 장단점이 있으므로 어느 하나를 추천하기는 어렵다. 다만 공무원이면서 전문 자격증이 있는 필자의 경험을 토대로 각 직업의 장단점을 살펴봄으로써 공무원이나 전문직을 고민하는 분의 진로 선택에 도움이 되길 바란다.

2. 공무원 장점

첫째, 공무원의 가장 좋은 점은 누가 뭐래도 신분 안정이다. 나라가 망하지 않고 중대 범죄를 저지르지 않는 이상 입직한 순간부터 고용의 불안에서 벗어날 수 있다.

또한 이러한 신분 안정은 일반적으로 사기업 근로자보다 상급자의 눈치를 덜 볼 수 있고 직장 내 괴롭힘의 발생빈도도 적다. 일반 사기업은 상급자가 근로자의 목숨줄을 들고 있어서 훨씬 우월적 지위에 있지만 공무원은 강력한 신분보장 덕분에 비록 승진이 늦어질 수는 있어도 해고는 어렵기 때문에 상급자가 근로자에게 미치는 영향력이 제한적이다.

둘째, 월급이 생각보다 나쁘지 않다. 월급도 신규부터 10년 차 정도까지가 적지 10년 차부터는 어느 정도 급여가 준수하고(7급 기준 평달 월급 약 300만 원), 20호봉 되고 중년 나이에 들어서는 주변 사람들과 비교해도 상위권에 드는 정도로 급여가 괜찮다. 또한 사기업의 경우 경기변동에 따라 급여가 조정되고 만약 IMF 때처럼 심각한 경기침체가 온다면 급여가 몹시 불안정해진다. 반면 공무원은 경기변동과 관계없이 급여가 일정하게 지급이 되기 때문에 안정적인 소득계획을 세울 수 있다.

셋째, 복지 혜택이 좋은 편이다. 공무원은 국가 정책이 시행되면 모범적으로 준수하기 때문에 육아휴직, 출산휴가 등 각종 복지 제도를 사기업보다 눈치 보지 않고 자유롭게 사용이 가능하다. 사기업의 경우 많은 곳에서 복지 제도를 형식적으로 시행하는 경우가 많아 근로자들이 사용하기 힘들다. 육아휴직만 봐도 사기업에서 사용한다는 것은 승진은 당연히 포기하고 복직하면 안 좋은 곳으로 배치될 각오를 해야 한다.

넷째, 괜찮은 사회적 인지도이다. 지방에서는 중견 이상 기업이 많지 않다 보니 공무원이 되면 직업적으로 괜찮은 평가를 받는다. 사회활동을 하든 소개를 받든, 학부모 모임이든, 동호회든 직업 때문에 아쉬울 상황은 없다. 수도권에서는 워낙 양질의 일자리가 많아 공무원이 직업적인 매력도는 떨어지나, 그래도 많은 직업군들 속에서 중간 이상은 간다.

3. 공무원 단점

첫째, 공직 생활 초반부에는 월급이 사기업보다 많이 적다. 공무원 급여가 20호봉 되고 나서야 준수해진다면 그전까지는 월급이 주변에 비해 적어 자괴감이 들기도 한다.

또 급여가 적다 보니 풍족하고 여유로운 생활은 하기 힘들다. 물론 요새는 대부분 맞벌이 부부이니 부족한 생활은 아니겠지만 그래도 사기업 다니는 친구들에 비해서는 여유롭지 못한 게 사실이다.

둘째, 인간관계 스트레스가 크다. 공무원은 중대한 범죄행위를 하지 않는다면 파면이나 해임을 당하는 경우가 없어, 한번 입직하면 평생 일할 수 있다. 그 말은 즉, 이상한 사람이 공직에 들어오면 평생 같이 근무하며 스트레스를 받아야 할 수도 있다는 것이다.

셋째, 성과에 대한 동기 부족이다. 성과 중심의 인사 평가가 부족하고, 보상 체계도 미흡하여 업무에 대한 의욕이 떨어지기 쉽다. 아무리 열심히 일하고 성과를 내더라도 연공서열대로 승진하는 경우가 많다 보니 굳이 일을 열심히 할 동기가 없다. 그렇다고 월급이 많아지지도 않는다.

넷째, 조직이 경직적이다. 공무원은 법령과 규정에 따라 업무를 처리해야 하므로, 사기업과 비교했을 때 업무의 유연성이 매우 떨어진다. 우스개로 인터넷 어떤 글에서는 볼펜 하나 구매하려면 그냥 문방구에 가서 구매하는 게 아니라 위원회 열고 품의서 만들어 결재받고 등등 복잡한 절차들을 거쳐야 한다며 불만을 토로하였다. 공무원은 각종 인허가 등 권한이 많아서 부패방지와 권한 남용 방지를 위해 여러 통제 수단이 만들어져 있다. 이러한 통제 수단은 분명 필요한 것이기는 하나 행정업무를 비효율적으로 만들고 특히 요즘 젊은 직원들 입장에서는 쓸데없는 일을 하는 것 같아 업무와 조직에 대한 불만으로 이어진다.

4. 전문직 장점

첫째, 소득의 자유로움이다. 직장인은 본인이 일을 많이 하고 좋은 성과를 내더라도 소득이 크게 변하지 않고 일정하다. 하지만 전문직은 개업을 하면 본인이 일을 할수록, 성과를 낼수록 소득이 더 많아진다. 특히 그만큼 노력에 대한 보상이 커서 동기부여가 되고 이는 더 많은 노력을 통해 소득을 증가시키는 선순환을 이루게 된다.

둘째, 이직의 자유로움이다. 전문직은 언제든 직장이 마음에 안 들면 떠날 수 있다. 절이 싫으면 중이 떠나면 그만이라는 속담이 딱 적용된다. 예전에 어떤 변호사분이 회사에 들어가서 수시로 화를 내며 상관과 다툼을 했다. 이유는 '보고서 양식'이 안 맞다고. 결국 그 변호사는 당당하게 상관에게 '양식이 아니라 내용을 보시라고요'라며 자주 다투더니 그 외의 이유도 있겠지만 결국 사표를 내고 나갔다. 이걸 보면서 어떤 이는 예의가 없다고 하기도 하나 어떤 이는 전문직이니 자기 생각을 당당하게 말할 수 있고, 직장이 싫으면 쉽게 떠날 수 있다는 게 부럽다고 했다. 이런 이직의 자유로움은 어찌 보면 직장인이 볼 때 가장 큰 장점이지 싶다.

셋째, 생각의 자유로움이다. 조직에 있다 보면 사고가 경직되어 간다는 느낌이 든다. 본인이 생각하는, 맞다고 생각하는 것이 조직의 것과 충돌하는 경우가 많고 거기에 부딪히면서 차츰 조직에 맞춰가기도 하지만 잘 맞춰지지 않아 스트레스를 받는다.

사람의 성향 자체도 당당하고 자신감 넘치게 만드는 것인지 필자가 본 전문직 사람들은 대부분 외향적이고 자신감이 넘쳐 보였다.

5. 전문직 단점

첫째, 수입이 안정적이지 않다. 직장인은 매달 월급이 정기적으로 들어오지만, 전문직은 계속해서 수입을 위해 노력해야 한다.

물론 노무사의 경우 자문사를 많이 확보하거나 세무사의 경우 고객사를 많이 확보하는 등 고정적인 수입을 만들 수는 있다.

하지만 그런 고정적인 수입 역시 안정적으로 받으려면 자문사들이 이탈하지 않도록 관리하는 노력이 필요하므로 직장인만큼 수입의 고정성이 높지 않고, 여기서 오는 불안함이 있다. 이 때문에 주변에 아직 자리를 잡지 못한 개업 초기의 노무사를 보면 수입의 불안정함 때문에 스트레스를 많이 받는 것 같았다.

둘째, 계속해서 공부해야 한다. 법과 제도는 사회상황에 따라 수시로 변하기 때문에 고객이 관련된 질의를 했을 때 제대로 답변하려면 수시로 변하는 법과 제도를 공부해야 한다. 고객의 질의에 제대로 답변을 못하면 전문성이 떨어져 보이게 되고 이는 곧 수입 감소로 이어진다. 공무원이나 직장인도 조직에서 도태되지 않기 위해 공부를 해야 하기는 하겠지만, 기본적으로 입사시험에 통과하고 나면 공부의 필요성이 현저히 줄어든다. 전문직은 생존을 위해 공부를 해야 한다.

셋째, 복지 혜택이 적다. 이건 비단 전문직뿐 아니라 일반 자영업자도 마찬가지이다. 직장인은 회사에서 주는 경조사 휴가, 출산지원금, 교육연수 등 각종 복지 제도를 누릴 수 있지만 전문직은 아직까지는 부족하다.

6. 결어

공무원이든 전문직이든 성질에 따른 각각의 장단점이 있고 개인의 성향에 따라서 선택하는 것이 제일 좋다.

필자는 전문직의 장점들이 많이 와 닿았고 준비를 하기는 했으나, 동시에 공무원 체질이기도 해서 전문직은 취득했지만, 공직에 있다.

다행히 지금 근무하는 고용노동부 근로감독관은 공무원이기는 하나 업무나 직장 성질이 전문직에 가까워 만족하고 있다.

제10부

직장병행 수험기-노무사 편

1. 들어가며

2017년도에 7급 공채에 합격한 후 2019년 7월 29일부터 우정사업본부라는 부처에서 공직 입문을 하였다. 그해 겨울쯤 노무사에 관심이 생겨 준비를 시작하였고, 2020년에 1차 시험은 합격하였으나 2차 시험은 저조한 점수로 탈락하였다. 그 후 상급기관으로 전출을 가게 되면서 공부를 하지 않다가 2021년 4월쯤에 다시 공부를 시작하였고, 2차에서 평범한 점수로 탈락하였다. 그 후, 또 한 번 상급기관으로 전출 가게 되면서 공부를 접었다가 2022년 2월부터 다시 공부를 시작하여 그해 동시에 1차와 2차, 3차 모두 합격하였다.

2. 도전 계기: '전문적인 업무를 하자'

2017년에 마지막으로 쳤던 행정고시는 비록 불합격으로 마무리되었으나, 그해 국가직 7급 공채에서는 합격하게 되어 기쁨은 이루

말할 수가 없었다. 그간의 수험생활에 대한 나름의 보상이라도 얻은 양 마음껏 놀았다. 어쨌든 공무원은 신분도 안정되고 나름대로 사회적 이미지도 좋고 월급도 나쁘지 않으니 이제 '내 인생에서 공부는 안 해도 되겠구나'라고 생각했다.

합격 이후 출근 전까지, 정말 신나게 놀았고 아무 생각 없이 나름 행복하게 지냈다.

그러다 입직하게 되었다.

공직 생활은 솔직히 말해 만족하고 다닐 정도로 괜찮았고 누군가 물어보아도 언제든 추천할 의향이 있다. 다만 공직 특성상 자기 의사를 자유롭게 결정하는 것이 어려웠다는 점, 수직적인 조직 관계에서 오는 답답함, 담당이 바뀔 때마다 다른 분야의 업무를 하다 보니 전문성이 없다는 점 등에서 다소 불만이 있었고 좀 더 권한이 자율적이고, 혼자 책임지는 한이 있더라도 스스로 판단할 수 있는 재량이 있고, 특히 일을 할수록 전문성이 쌓이는 업무를 하고 싶었다.

그래서 전문직에 관심을 두게 되었고 현재 상황을 고려하며 찾던 중 노무사를 택하게 되었다. 많은 전문직 중 노무사를 택하게 된 이유를 앞에서도 가볍게 말하였지만, 구체적인 이유는 아래 세 가지다.

첫 번째 자율성이다. 노무사는 하나의 사건에 대해 자신의 판단으로 자기가 결정할 수 있는 '권한'이 오롯이 있다. 법인에 속하게 되면 조금 미약해지긴 하나 분명 공직이나 사기업 조직에 비한다면 그런 판단의 자율성은 아주 크다고 보였다. 물론 그에 따른 책임 역시 본인이 부담하게 되므로 리스크도 홀로 감수해야 한다.

두 번째 전문성이다. 앞서 공직에 있으며 느꼈던 것은 일을 하면 할수록 한 조직의 부품이 된다는 느낌이지 전문가가 된다는 느낌은 거의 들지 않는 아쉬움이 있었다. 물론 한 부서에 오래 일을 하고 본인이 해당 담당업무에 몰두하여 그 업무의 전문성을 쌓을 수는 있을 테지만 그 담당업무를 평생 할 수 있는 것도 아니고 또한 '퇴직'까지 갈 필요도 없이 '퇴근'을 하게 되어 조직에서 벗어났을 때 내게 남는 전문성은 매우 부족해 보였다. 하지만 노무사가 되면 6시 넘어 퇴근하든 주말이든 어딜 가서든 노무사로서 전문성을 가질 수 있다.

세 번째 보람이다. 공직에 있으면 사회에 기여한다는 보람이 있을 수 있으나 눈에 와닿지 않고 추상적이다. 커다란 국가 시스템에 기여하여 국민의 편익을 증진한다는 차원에서 보람을 느끼는 것도 좋지만 막상 공직에 와보니 내가 하는 업무를 통한 직접적으로 보람, 성취감은 잘 느껴지지 않았다. 노무사로 활동을 하면 직접적으로 사건을 해결할 때마다 의뢰인에게 도움을 주고 감사함을 받으며 보람을 느끼게 될 것이라 기대되었다.

노무사로 활동을 하면, 악덕 사업주와의 다툼이 있었을 때 근로자의 편에 서거나, 법을 악용하는 근로자와 다툼이 있을 때 사업주의 편에 서거나, 직장 내 괴롭힘, 직장 내 성희롱, 업무상 재해 등의 피해자들을 조력하는 업무를 하게 되므로 일이 힘들더라도 직접적으로 누군가의 인생에 있을 큰 불행을 도와줬다는 큰 보람을 느낄 수 있을 것으로 생각했다.

앞에서도 말했듯 필자는 어렸을 때부터 남을 도와주는 걸 좋아했었고 누군가를 도와주고 행복을 느낄 수 있는 직업이 노무사라 생각이 돼서 택하였다.

3. 공인노무사 시험 1차 도전기 : 2019. 겨울 ~ 2020.8월

1) 개요: 안이하고 부족했던 시작

2019년 겨울부터 노무사 공부를 해야겠다는 결심을 하고 2020년 1차에 합격하면서 자신감을 얻고 그 해 첫 2차 시험을 보게 되었다. 이때까지만 하더라도 (비록 떨어졌지만) 행정고시도 준비하며 논술형 시험공부를 한 경험도 있고 합격 수기를 보니 동차 합격 얘기도 많이 본 터라 대강 공부해도 노무사 정도는 붙을 수 있지 않을까? 하는 하룻강아지 범 무서운 줄 모르는 생각을 하고 있었다. 이때에도 필자는 노무사라는 자격증의 깊이와 가치를 모른 미숙한 상태였다. 그에 따른 당연한 결과로 2차 시험의 결과를 받아보고 패배의 씁쓸한 맛을 느낄 수 있었다.

2) 진행 과정: 과목별로 총체적인 시행착오

(1) 노동법

이수진 강사님의 노동법 1기 강의를 들으며 노동법 과목에 대한 감각을 키우고 개략적인 내용을 확인하였다. 노동법은 다른 과목인 행정쟁송법과 비교해 보면 특별히 이해하기 어렵고 난해한 내용은 아니다. 법학이 처음인 분들이라 하더라도 0기든 1기든 강의를 1번 수강하며 전체적인 내용을 훑으면 어느 정도 노동법에 대한 흐름은 파악할 수 있다.

사회생활을 해본 직장인이라면 근로계약서라는 걸 한번은 체결해 보았을 것이고, 연차도 사용해 보았을 것이고, 퇴직금도 한번 계산해 보았을 것이며, 직장 내 노동조합이란 조직에 대해서도 들어보았을 것이다. 이처럼 노동법은 대부분의 일반인에게 어느 정도 친숙한 내용의 법이다.

강의를 들은 후에는 이수진 강사님의 교재인 '노동법 쟁점 노트'를 읽어나가며 주요 판례들을 익혔다. 이 시점에서는 판례를 암기하기보다는 이해하고 눈에 익히는 데 주안점을 두었다.

강의를 듣고 3개월 정도 지났을 시점에는 노동법의 주요 쟁점들과 주요 판례들이 어느 정도 친숙해졌고 읽으면 대강 어떤 내용인지 쉽게 이해가 되었다. 이 시점에서는 이제 실전이 중요하다고 판단하여 이수진 강사님의 사례 문제집을 간간이 풀어나갔다.

구체적으로 말하면, 하루 2~3개 정도 사례문제를 풀어나가는 걸 목표로 했고, 여기서 문제를 푼다는 것은 목차 잡는 연습을 하고 주요쟁점과 판례가 어떻게 현출되었는지를 '읽는' 작업이었지 모의고사 시험 치듯 완성된 답안작성을 했다는 의미는 아니다.

노동법 내용도 온전히 다 이해와 암기가 되지 않았는데 완성된 답안작성을 연습해 보았자 엉성하기 그지없을 것이고 직장병행으로 공부시간이 부족한 상황에서 비효율적이다. 그러니 일단 목차 잡는 연습만 한 후, 강사님의 모범 답안을 읽어보며 주교재의 내용이 어떤 식으로 현출되었는지 그 흐름을 익히려 노력했다. 즉, 사례 문제집을 풀면서도 여전히 주교재였던 쟁점 노트를 반복해서 읽는 것에 주안점을 두었다.

쟁점 노트, 사례 문제집을 계속 회독하다 보니 2차 시험이 약 50일 전으로 다가왔다. 이때에는 이제 죽이 되든 밥이 되든 완성된 답안을 작성하며 현출하는 연습을 하였다.

그 당시에는 학원 3기 모의고사의 필요성을 전혀 모르고 있던 터였고, 당연하게도 최신판례에 관한 공부도 하지 않은 채 계속 읽던 주교재, 사례 문제집만 공부하고 시험장에 들어갔다.

그 결과 점수는 50점대 중반으로 저조하게 나왔다. (노무사 2차 시험의 경우 합격 기준인 60점부터 1점마다 수백 명이 몰려있는 걸 고려하면 매우 저조한 점수니 혹시나 높은 점수인 줄 오해하지 마시기를 바란다.)

(2) 인사노무관리

모 강사님의 교재와 강의로 시작하였고 시험 전에는 강사님의 3기 모의고사 시험을 쳐보기 위해 서울에서 실시한 학원 실강도 갔다.

인사노무관리는 양이 많은 것이지 내용이 난해한 부분은 별로 없었고(물론 각종 인사 평가 기법, 급여체계 등 이해에 많은 노력이 필요한 내용은 있음) 과거 행정고시 과목 중 행정학과 비슷해 보여 친숙함이 있다 보니 대강 공부해도 되겠지, 라는 안이한 생각이 많았다.

지금의 5급 공채는 모르겠으나 예전에 필자가 공부할 때는 행정고시 행정학은 과목 특성상 범위는 넓지만, 어느 정도 작문 능력이 있으면 공부가 부족한 사람도 괜찮은 점수가 나왔고 필자도 마지막 행정고시 시험에서 행정학에서 대박을 쳐 높은 점수가 나왔었다.

그랬던 근거 없는 자신감과 안이함 때문이었을까.

강사님 교재를 2번 정도 대강 읽어보고 3기 모의고사를 직접 쳐보고자 주말에 당시 근무지인 강원도 동해시에서 서울로 상경하였다. 1회 모의고사를 처음 쳐보았고 그 결과, 몹시 충격을 받았다.

지금도 생각나는 일인데, 강사 모의고사 문제가 '조직의 다양성'에 대한 문제였고 필자는 인사노무관리에서 다양성이란 것이 국적, 인종, 성별, 장애 등을 말한다는 기초적인 내용도 전혀 인지하지 못했던 상황이었다. 대강 지레짐작으로 가치관, 생각의 다양성을 말하는 것으로 생각했다.

어쨌든 잘은 몰라도 무슨 내용으로든 논술형 답안 페이지 수를 완성하는 게 실력향상에 좋겠지, 싶어서 조직 내 구성원의 생각과 가치관의 다양성에 따른 장점, 단점 등으로 서술하였다. 전체 답안 내용이 온통 뇌피셜과 동어반복으로 작성되어 갔고, 어쨌든 모의고사 답안을 완성했다는 것 자체에 의미를 두고 있었다.

그런데, 그다음 주 강의에 갔더니 해당 강사님이 그 답안을 보고 화가 너무 났는지 수업을 시작하자마자 내가 쓴 답안을 공개적으로 비판하였고 얼굴이 화끈거렸다. 더구나 강의는 녹화되어 어찌 됐든 전국의 모든 강사, 수강생들이 볼 테니 말이다. 공부를 너무 안 하고 대강 썼다는 것에 대해 자책도 들었지만, 굳이 그렇게까지 비판해야 하는지 야속하였고 그러면서도 채점하시면서 얼마나 화가 나셨으면 그럴까, 하는 죄송함도 들었다.

이 이후 충격을 받아 모의고사를 작성하지 않았고 강의만 들었으며 그마저도 주말마다 동해시에서 서울로 와서 강의장까지 가려는 의지가 약해져 중도 하차하게 되었다. 단순히 가기 싫었기도 했지만, 개념 정리에 더 시간을 할애할 필요를 느꼈고, 모의고사도 안 보는데 직장병행 하며 강의를 들으러 왔다 갔다 하기에는 시간이 부족했다.

시험 직전까지 결국 인사노무관리의 개념과 용어 정리에 주안점을 두고 강사님 교재 회독만 하였으며 답안작성 연습은 거의 하지 않은 채 시험장에 들어갔다. 당연하겠지만 결과는 매우 좋지 못했었다.

점수는 과락인 40점은 넘었으나 지금 집필 시점에 기억도 나지 않을 낮은 성적이었다.

(3) 행정쟁송법

행정쟁송법은 확실히 행정고시 준비 때 행정법을 준비했던 경험이 있었기 때문에 내용은 잘 기억나지 않았어도 용어, 개념, 주제가 친숙하여 접근하기에는 수월하였다.

행정쟁송법과 노동법은 같은 법학이지만 공부 방법에 있어서 차이가 있다.

노동법이 판례를 무지성 암기해야 하는 반면, 행정쟁송법은 판례를 촘촘히 외울 필요는 없으나 주요 판례들을 자신만의 언어로 구사할 정도로는 꼭 알아두어야 하고, 행정쟁송에서 나오는 개념과 주제들의 정리도 확실히 암기할 필요가 있다. 또한 각 주제별로 등장하는 학설에 대한 암기도 꼭 필요하다.

행정쟁송법 강사로는 정선균 강사님을 택하였고 주교재는 노동행정쟁송법 핸드북을 구매하여 회독하였다. 핸드북은 행정쟁송법의 거의 모든 주제를 다루면서 각 주제별로 목차를 나누고 그 목차 안에 반드시 답안에 써야 할 내용들이 다 들어있어 핸드북만 달달 암기해서 외워도 괜찮은 점수를 받을 수 있을 것으로 생각했다.

시중에 비슷한 책들이 많이 있기는 하나 행정고시 공부를 할 때도 유명했던 정선균 강사님이었기에, 다소 친숙함을 느껴 택하였다.

2차 시험장에 들어가기 전까지 핸드북의 목차와 내용을 눈에 익숙하게 하는 데 주안점을 두었고 암기보다는 이해하려 노력하였다.

노동법의 방대한 분량은 이미 인지하고 있었기 때문에 시간 없는 직장병행인으로서는 그나마 분량이 적어 보이는 행정쟁송법을 후순위로 미룰 수밖에 없었다. 이에 따라 행정쟁송법을 주로 아침 출근 전 30분~1시간의 시간과 점심 1시간에 공부하는 걸 목표로 잡고 해당 시간은 오로지 행정쟁송법만 공부하고 대신 그 외의 시간에는 타 과목에 집중하였다.

시험 결과는 기대했던 것보다는 합격에 모자란 저조한 점수였던 것으로 기억한다. 공부를 많이 하지 않았던 탓이라 생각했지만 그럼에도 행정고시 때 많이 공부했던 과목이었던 터라 아쉬움이 남았었다.

(4) 노동경제학

노무사는 선택과목이 노동경제학, 민사소송법, 경영조직론 세 가지가 있으나 필자는 당연하다는 듯 노동경제학을 택하였다.

필자가 행정고시를 치던 시절 '행정고시는 경제학 고시'라는 말이 있을 정도로 전체 수험에서 경제학의 비중이 매우 컸고, 필자 역시 대부분의 공부시간을 경제학에 집중하였고 마지막 시험에서도 꽤 높은 점수를 받았었다.

그럼에도 5~6년 전이다 보니 경제학 내용은 더 이상 머릿속에 거의 남지 않았지만, 경제학이 낯설지 않아 당연하다는 듯이 택하게 되었다. 민사소송법은 전혀 공부한 바가 없어 애초에 고민 대상이 아니었고, 경영조직론의 경우 인사노무관리와의 시너지를 기대할 수 있다는 말을 듣기는 했으나 내용이 많아 보여 고려하지 않았다.

노동경제학은 지금은 강의를 안 하시는 김우탁 강사님의 교재와 문제집을 구매하여 회독하였다. 강의는 현재뿐 아니라 필자가 공부하던 시점에도 하시지 않았으나 교재를 택하게 된 이유는 공부시간이 없는 직장병행인의 입장에서 볼 때 교재 분량이 타 강사들보다 적었다는 점, 목차 정리가 잘 되어있다는 점, 문제집이 별도로 있다는 점이 크게 다가왔다.

강사님의 교재 전체를 2회 정도 회독하였었고 그 후에는 문제집을 모두 풀고 외운다는 마음가짐으로 강의도 없이 꾸역꾸역 풀고 외우고 했었다.

중고등학교 때에도 수학은 처음 공식을 외우는 것이 어렵지 어느 정도 응용을 하며 문제를 풀고 익히면 암기과목보다 공부시간이 덜 들어갔다. 마찬가지로 노동경제학 역시 처음에 공부하는 것이 난해하지 어느 정도 익숙해지면 공부시간이 덜 들어갈 거로 생각했다. 다행히 합격 후 집필하는 지금 시점에서 돌이켜 보았을 때 그때의 선택은 옳았고 덕분에 직장병행 합격에 큰 힘이 되었다고 생각한다.

다만, 그 당시에는 공부시간이 너무 부족하다 보니 노동경제학이 '어느 정도 익숙해지면'의 요건을 충족시키지 못하고 난해한 부분이 많았다. 그러한 상태로 시험장에 들어가게 되어 결과는 좋지 못하였다.

(직장병행이라면 노동경제학을 강력하게 추천하나 경제학에 문외한이거나 공부한 지 오래되었다면 강의를 수강하는 것이 오히려 시간을 단축할 수 있다는 점을 말씀드리고 싶다. 결국엔 노동경제학이 효자과목이 되었으나 독학으로만 하다 보니 다소 돌고 돌아 궤도에 오르게 된 아쉬움이 있다.)

3) 결과: 합격하는 게 이상했던 당연한 불합격

하룻강아지 범 무서운 줄 모른다는 말이 딱 필자에게 맞았다. '비록 공부 기간도 짧고 대강 답안작성을 하더라도 논술형 시험이니 분량만 채우면 점수가 괜찮지 않을까?' 하는 근거 없는 자신감을 가지고 2차 후에는 편하게 쉬었다.

지금 돌이켜보았을 때는 겨우 그 정도 공부해 놓고 왜 기대를 한 거지? 라는 생각이 들 정도였지만 당시 필자는 은근히 기대하며 합격자 발표날을 기다렸다. 발표날 당일, 합격 문자는 오지 않았고 합격자 명단에도 이름은 없었다. 거기다가 시험점수는 생각했던 점수에 훨씬 미치지 못하는 암담한 점수였다. 왠지 '넌 여기 수험 판에 있을 놈이 아니야!'라며 문밖으로 쫓아낸 느낌이었다.

결과를 보면서 필자가 생각했던 것보다 노무사라는 자격증은 더 가치가 있고 취득이 어려운 자격증이고 이를 위해 훨씬 많은 공부량을 요하는 시험이라는 걸 뒤늦게 깨달았다. 거기에 더해 평범한 지능의 사람이 직장병행으로는 도전하기 힘든 시험이 아닐까? 하는 의구심이 마구 솟아났다.

특히 필자는 논술형 시험으로 행정고시를 준비했지만 결국 불합격했기 때문에 역시 논술형 시험인 노무사도 힘들 것이라는 생각도 강하게 들었다.

그러다 갑작스레 상급기관으로 전출을 가게 되었다. 상급기관에서는 업무량도 많아질 것이고 새로운 환경에도 적응하느라 바쁠 게 눈에 보였으므로 노무사에 대한 마음을 접을 수밖에 없었다. 좀 더 솔직히 말하면 한편으론 접을 수 있는 핑곗거리가 생겨 다행이라 생각했다. 당시에는 노무사 시험의 벽이 필자가 생각한 것보다 훨씬 높아 보여 자신감을 상실한 상태였다.

4. 공인노무사 시험 2차 도전기 : 2021.4월 ~ 2021.8월

1) 개요: 포기하지 않고 공부를 계속했어야 하는 아쉬움

2021년 4월, 봄이 되고 날씨가 너무 좋았던 날이다. 여느 때처럼 퇴근 후 집 앞에 있는 도서관을 기분 좋게 지나가다 문득 생각이 들었다. '공부를 다시 해보자.'

전출 왔던 상급기관에서의 생활도 어느 정도 적응이 되었고 몇 개월 공부를 전혀 안 하고 퇴근 후와 주말에 푹 쉬었더니 체력도 회복되었다. 또 사람은 망각의 동물인지라 시간이 지나면서 작년 불합격의 충격도 어느 정도 잊히면서 공부를 할 수 있는 자신감이 샘솟기 시작했다.

작년 첫 도전 때는 너무 만만하게 봐서 준비를 제대로 하지 않았던 탓이고 다시 한번 각을 잡고 공부를 하면 붙을 수 있을 것 같은 근거 없는 자신감이 다시 들었다.

다행히 집 앞에 시립도서관이 신축건물처럼 깔끔하게 정비되어 있었고 회사 출근 전 1시간가량 공부한 후 출근하고, 퇴근 후 집에서 빠르게 저녁 먹고 씻고 나서 도서관으로 곧장 가 공부를 하여, 공부 시간 확보에는 괜찮은 상황이었다.

작년 가을에 2차 시험을 친 후 전혀 공부를 하지 않았기 때문에 다시 공부를 시작한 첫 한 달 정도는 공부했던 내용을 떠올리고 수험 생활에 다시 적응하는 데 노력했다.

그렇게 한 달이 지나자, 기억이 어느 정도 살아났고 회사-집-도서관 생활 패턴이 다시 조금 적응되어 가며, 남은 기간 전력을 다해 준비했다.

아무래도 시험이 5개월밖에 안 남은 상황이라 촉박하다 보니 자신이 있는 과목에 집중하고 자신이 없는 과목은 덜 투자하는 '선택과 집중' 전략으로 공부하였다.

모든 과목을 전반적으로 시간을 투자하기에는 시간이 절대량이 턱없이 부족하였다. 이럴 줄 알았으면 작년 2차 끝나자마자 계속해서 공부했었으면 하는 아쉬움이 공부하는 내내 자주 필자를 괴롭혔다.

5개월이라는 짧은 기간이지만 직장병행이라는 악조건 속에서 나름대로 정말 열심히 공부했다고 자부했다.

하지만 결과는 또다시 불합격이라는 쓴맛이었다.

돌이켜보건대 당시 택했던 '선택과 집중 전략'이 불합격이라는 패착으로 이어졌던 듯하다. 솔직히 말해 선택과 집중 전략이라기보다는 '선택과 버림 전략'이었다. 한 과목 내에서 시험에 나올 부분과 안 나올 부분을 선택과 집중하는 것은 바람직할 것이나, 시험과목 자체를 선택과 집중으로 한다는 것은 수험에 임하는 올바른 자세가 아니었다.

하지만 어쩔 수는 없었다고 생각한다. 5개월밖에 안 남은 상황에서 모든 과목에 집중하는 것은 직장병행을 하는 평범한 사람에게는 매우 어려웠었다. 애초에 절대적인 시간 자체가 부족했고 변명 같지만, 지금 시점에도 비슷한 선택을 했을 것 같다.

당시 선택과 집중으로 소홀하게 된 과목은 인사노무관리였고 이유는 범위가 방대해서 어차피 공부가 다 되지 못할 것 같았고 또 대강 작성해 내면 점수가 어느 정도 확보될 거라는 안이한 생각이 여전히 있었다.

1차 도전 때와 같은 그런 안이한 생각으로 인해 첫 모의고사 때 모 강사님께 혼이 났고 시험결과도 처참했음에도 여전히 '개념과 용어 정리만 좀 해서 대강 작성하면 되지 않을까?' 하는 안이함이 자리

잡고 있었다. 어찌 보면 필자도 수험생들이 으레 가지는 잘못된 고집이 있었던 듯하다.

결국 그러한 고집과 절대적 시간의 부족으로 결과는 좋지 못했다.

2) 진행 과정: 시간이 없어서 선택한 '선택과 버림 전략'

(1) 노동법

이수진 강사님의 쟁점 노트를 아침저녁으로 보면서 꾸준히 교재의 내용을 이해하고 암기하려 노력하였다. 여기서 암기란 쟁점 노트의 목차, 그리고 주요 판례들의 통 암기였다. 통 암기란 판례의 내용을 조사 몇 개를 빼고는 전체 내용을 모두 머리에 넣는 작업을 말한다.

1차 도전 때 노동법 공부를 상당히 했다고 생각했으나 결과가 저조하였던 이유를 분석했는데, 필자는 답안에 판례를 작성할 때 내가 이해한 나만의 언어로 된 내용을 구어체로 서술했기 때문이라고 판단했다.

그래서 2차 도전 때는 판례의 용어, 문구, 순서를 있는 그대로 외우는 것이 정답이라 여기며 통 암기를 하였다.

하지만 통 암기는 정말 시간이 많은 전업 수험생이거나 두뇌가 정말 출중한 사람이 아닌 이상, 시간이 너무 오래 걸리는 작업이었고 어찌어찌 외운다고 하더라도 휘발성이 높았다. 특히 문제점은 내가 제대로 외웠는지 확인하려면 모든 내용을 현출을 해 봐야 하므로 한 번 복습하기에도 시간이 오래 걸렸다.

결국 시험 전까지 가뜩이나 공부시간도 없는 상황에서 노동법 판례를 통 암기하려다 보니 시간은 더 부족해졌고 그 여파로 다른 과목들을 공부할 시간도 줄어들었다. 거기다 필자는 평범한 머리를 가졌기 때문에 노동법 판례 통 암기가 100% 잘 된 것도 아니었고, 총체적 난국이었다.

그 많은 노동법 판례를 통 암기하는 것이 가능한지 의구심을 품는 사람도 있겠지만 논술형 시험 수험생 중에서 의외로 많은 분들이 통 암기를 하기도 한다. (필자가 아는 노무사 합격생도 통 암기했었다. 다만 일부 판례만) 통 암기를 시작할 때는 암기가 잘 안되지만 통 암기 횟수가 늘어날수록 점차 요령이 생겨 암기 시간도 줄어들고 나름 할 만해진다. 또 내용 전체를 다 외우다 보니 답안 현출 정확도도 괜찮아지고 판례를 줄줄 외워내면 무언가 노무사가 된 것인 양 자신감도 생긴다. 분명 장점도 있는 방법이기는 하다.

하지만 개인적으로 내린 결론은 통 암기는 수험에 별로 적합하지 않다. 시간 대비 효율이 매우 좋지 않다. 지금 돌이켜보건대 그때 두문자 공부법을 적극적으로 활용했다면 훨씬 합격에 더 빨리 다가가지 않았을까? 하는 아쉬움이 든다.

(2) 인사노무관리

1차 도전 때 저조한 결과를 받은 경험을 한 이후 인사노무관리 과목을 정규 과정을 통해 기초부터 공부해야 할 필요를 느꼈고 강사님을 다시 택하였다. 기존 강사님도 좋은 강사님이셨지만 차마 그 사건으로 인해 강의를 다시 듣기에는 마음이 불편하여 김유미 강사님 수업을 수강하게 되었다.

그렇게 김유미 강사님 1기 강의를 수강하면서 틈틈이 교재를 읽어나갔다. 교재를 꼼꼼하게 암기하며 읽기보다는 전체적인 내용을 이해하고 파악하려는 데 주안점을 두었다.

여기서 '전체적인 내용을 이해하고 파악한다'라는 의미는 강의에서 들은 내용들이 교재 전체 주제 중 어느 부분에 있는 내용인지 직접 찾아보고, 그 위치를 염두에 두며 내용을 훑어보는 것을 말한다.

이를 통해 방대한 범위의 인사노무관리였지만 이른 시간 내에 전체적인 내용 파악을 할 수 있었고 강의도 더 집중해서 들을 수 있었다.

물론 교재의 내용을 훑기만 할 게 아니라 암기도 하며 세세하게 공부하는 것이 필요하기도 하였으나 아침과 점심에 행정쟁송법, 저녁에 노동법(특히 노동법 주요 판례 통 암기)을 공부하느라 시간이 없었다. 인사노무관리는 그나마 타 과목보다는 이해하기 어려운 내용이 아니었기에 저녁에 노동법을 공부하다가 지치고 쉬고 싶을 때 강의를 듣고 교재를 보는 식이었다.

이러한 필자의 인사노무관리 공부 방법이 수험적으로 옳았다고는 생각하지 않지만, 전업 수험생이면 모를까 직장병행 상태로는 시험 직전까지의 시간이 너무 부족했다.

이 때문에 1차 도전 당시 깨달았음에도 여전히 인사노무관리는 선택과 집중 전략에 따라 후순위였다. 비록 인사노무관리 과목 자체가 이해는 어렵지 않으나 내용이 방대하여 어차피 시간 없는 상황에서 그 방대한 내용을 살펴보며 깊이 있는 공부가 되지 못할 것으로 생각했다. 차라리 그 시간에 노동법 등 타 과목에 집중하고, 체력이 떨어지거나 공부가 지칠 때 편하게 전체적으로 내용을 소설 읽듯 인사노무관리 공부하자는 심산으로 접근했다.

그렇게 교재를 전체적으로 읽으며 전체 흐름에 대한 파악만 하다가 시험 직전이 되어서 인사노무관리의 주요 용어, 개념, 인사기법 등 김유미 강사님의 목차 키워드에 있는 단답식 내용만 외워 시험장에 들어갔다.

결과는 50점 중반으로 저조하여 낙담했으나, 지금 생각했을 때는 그 정도 공부 투입량으로 그 점수라도 받은 것이 다행이라 생각되었다. 그럼에도 당시에는 '인사노무관리 과목이 주제가 복불복이라 채점이 이상하게 된 것이다.', '글씨체가 너무 안 좋아서 감점당했다'라는 합리화를 했었다.

(3) 행정쟁송법

행정쟁송법은 1차 도전 때와 마찬가지로 정선균 강사님의 노동행정쟁송법 핸드북의 지속적인 반복 학습으로 진행했다. 아침 출근 전에는 노동법과 행정쟁송법을 번갈아 공부하였고 점심시간에는 오직 행정쟁송법을 항상 공부하였다.

노동법의 경우 기승전결이 있는 완성형 답안의 작성 연습이 필요하다 생각되나, 행정쟁송법의 경우 시험이 노동법과 달리 논술형과 서술형이 혼합된 성질을 갖고 있다고 생각한다. 그래서 노동법과 달리 답안지 작성을 연습할 때도 주요 개념과 판례, 학설을 가볍게 '나만의 언어'로 작성하는 서술식으로 진행하였다. (여기서 '나만의 언어'란 판례의 어순, 어휘를 정확하게 암기하는 게 아니라 옆의 친구에게 설명하듯 구어체로 표현하는 정도를 말한다) 물론 시간만 많았다면 노동법처럼 완성형 답안지 작성 연습을 했겠지만 시간 없는 직장병행인으로서는 다른 선택을 할 수밖에 없었다.

계속해서 회독하고 간단히 답안작성 연습을 하는 것을 반복하자 시험 직전에 이르러서는 핸드북의 주제들 대부분에 대해 어느 정도 답안작성이 가능해졌고 행정쟁송법 과목에 대해서는 자신감이 생겼다. 여기서 '답안작성이 가능해졌다'의 의미는 핸드북의 주제별로 목차 구성이 어떻게 되었는지, 목차별로 주요 키워드가 무엇인지, 키워드를 조합하여 나만의 언어로 문장을 구사하여 설명이 가능한지 정도를 말한다.

이러한 답안작성 정도만으로도 당시에는 충분하다고 생각했다. 하지만 시험이 끝난 후 돌이켜보았을 때 크게 간과한 것이 '모의고사'의 중요성이었고 그 당시에는 전혀 생각하지 못했다.

행정쟁송법 핸드북만 계속 독학으로 읽다 보니 정작 노무사 수험에서 중요한 주제를 파악하지 못하였다. 이후에 3차 도전을 하게 되면서 모의고사를 풀며 알게 된 사실은, 정선균 강사님, 그리고 다른 강사님들의 모의고사들에서 중첩적으로 출제되는 주제들이 존재하였고 그러한 주제들을 특히 꼼꼼히 봐야 했으며 그중에는 핸드북만으로는 온전히 공부되기 힘든 주제들도 있다는 것이었다.

그러한 사실들을 간과한 채 2차 도전 당시에는 모의고사는 전혀 보지 않았고(심지어는 정선균 강사님의 모의고사도) 핸드북만 주야장천 보다가 시험장에 들어갔다.

결과는 기대했던 것보다는 훨씬 미치지 못하는 50점대 중후반 정도였던 것으로 기억한다.

(4) 노동경제학

처음 노무사 수험을 시작하며 노동경제학을 2차 선택과목으로 결정했을 때는 경제학을 과거에 공부했다는 점, 수학처럼 공식을 암기하고 응용력만 키우면 공부시간을 단축할 수 있다는 점이 크게 작용했었다.

그러나 1차 도전 때 생각보다 필자가 원하는 점수가 나오지 않았고(물론 공부를 많이 한 것도 아니지만) 다른 과목들은 모두 인문학적 소양을 기반으로 한 논술형 시험이다 보니 시너지가 발생한다는 느낌이 들었으나 노동경제학은 과목 간 연계성이 전혀 없어 보여 수험에 비효율적인 과목처럼 느껴졌다.

그래서 2차 노무사 도전을 마음먹은 후 5월쯤이 되었을 때는 나름 고심을 하고 결단을 내려 경영조직론으로 선택과목 변경을 하게 되었다. 경영조직론을 하면 인사노무관리 과목과도 연계가 되어서 한 과목을 공부할 때 두 과목을 공부하게 되는 직접적인 시너지, 논술형 답안작성을 연습하다 보면 자연스레 필력이 향상되는 간접적인 시너지가 있을 것이라 기대한 선택이었다.

하지만 호기롭게 나름 큰 결심을 하며 온라인 강의와 교재까지도 구매하였던 당찬 선택은 1개월을 못 넘기고 호기가 아닌 객기 어린 선택으로 끝났고 가뜩이나 부족한 공부시간은 더 줄어드는 결과로 나타났다.

경영조직론은 가장 많은 사람이 선택하는 과목이지만 직장병행을 하는 시간 없는 수험생이라면 선택에 대해 많이 고민을 해봐야 하는 과목이다. 비슷한 과목인 인사노무관리와 비교했을 때 인사노무관리보다도 내용의 방대함은 더 컸고 내용의 어려움 역시 더 심하게 느껴졌다. 초반 강의 몇 개와 교재의 극 앞부분만 공부를 해서 확실히 말하기는 조심스러우나, 인사노무관리와의 직접적인 시너지는 기대하기 힘들었고 공부할 양은 짐작건대 노동경제학의 2배 이상 되는 분량이라 주관적으로 느껴졌다.

결국 경영조직론을 중도하차 하였고 노동경제학 과목의 존재에 격한 감사함을 느끼며 시험 직전까지 김우탁 강사님 문제집의 모든 내용 숙지를 목표로 계속 반복해서 풀고 외웠다.

2차 도전 때에도 노동경제학 공부가 완전히 되었다는 생각은 들지 않았으나 시험성적으로는 60점 초반이 나왔던 것으로 기억한다.

중간에 경영조직론으로 선회하지 않았더라면 좀 더 결과가 좋지 않았을까 생각한다.

3) 결과: 포기하지 말고 계속 공부했다면 결과가 달랐을까?

결국 2021년 2차 도전 결과도 불합격이었다. 기대했었으나 결과로 나온 점수는 합격점과 거리가 멀었고 많이 아쉬워할 만한 점수도 아니었다.

패착은 분명했다. 첫째, 1차 도전 때와 마찬가지로 인사노무관리를 선택과 집중이라는 명목하에 공부시간 투자를 너무 소홀히 했다는 것, 둘째, 행정쟁송법에서 강사님들의 모의고사 중요성을 간과하고 전혀 보지 않은 것, 셋째, 가장 큰 이유로 두문자 공부법을 적극 활용하지 않았고 특히 노동법 주요 판례를 통문 암기로 공부했던 것, 이러한 세 가지가 필자가 분석한 2021년 2차 도전의 실패 원인이었다.

특히 노동법의 경우 시간 없는 직장병행인에게 두문자 공부법이 정말 필수적임에도 논술형 공부를 한다는 겉멋 든 오만함 때문인지 통문 암기만 하다 보니 공부시간은 부족했고 공부의 완성도는 떨어졌다.

통문으로 암기하게 되면 처음에 내용을 머리에 넣을 때도 오래 걸리지만 더 중요한 건 암기 후 암기가 제대로 되었는지 확인하는 데도 오래 걸린다는 것이다. 장점이 있다면 문장 내용 그대로 암기하다 보니 누군가가 물어보았을 때 해당 내용을 나름 유창하게 말을 할 수 있다는 것, 그뿐이었다. 수험에는 거의 도움이 되지 않았다.

2차 도전 때는 1차 도전 때 가벼이 시작했던 수험보다 훨씬 강하게 각오하고 절박함을 가지며 수험공부를 하였고 직장을 다니며 확보가 가능한, 할 수 있는 모든 시간과 체력을 몰아넣었다고 생각한다. 그렇기에 1차 도전의 불합격도 멘탈을 흔들거리게 했지만 2차 도전의 불합격은 수험을 정말로 더 하는 것은 무리수라 생각이 들었다.

그러다 공교롭게도 작년과 마찬가지로 그 해에도 2차 시험 후 마침 상급기관 전출을 가게 되었다. 이제는 더 이상의 도전은 하지 않을 것으로 생각했다.

5. 3차 도전 파트 1: 2022.2월~2022.5월

1) 개요: 사람 마음은 잘 접히지 않는 것이구나

2차 도전했던 시험의 합격자 발표 후 멘탈은 흔들렸고, 건강은 바닥이 되었고, 아침 출근 전 공부, 점심시간 공부, 퇴근 후 공부, 주말 공부 이 패턴을 계속하는 것이 삶의 행복일지 의문이 들었다.

전업 수험생 시절 불합격을 맛보면서 멘탈이 흔들렸을 때는 '앞으로도 계속 불합격하면 어떻게 하지?'와 같은 미래에 대한 두려움, 불안, 진로에 대한 고민이 있었다.

마찬가지로 직장병행인 역시 고민과 불안이 있다. 하루 종일 일하고 와서도 쉬지 않고 무거운 몸을 이끌어 책상에 앉아 머리를 싸매며 공부하는 데서 오는 정신적 육체적 스트레스가 있고, 그리고 전업 수험생도 하기 힘든 수험생활을 휴직도 하지 않은 채 오롯이 병행으로 도전한다는 것이 가능한 것인지에 대한 불안 등등이 있다.

이러한 고민으로 어영부영 시간을 보내고 있을 때쯤 1차 도전 후 수험을 포기했을 때와 마찬가지로 좋은 핑곗거리(?)이자 수험 포기에 대한 정당한 사유가 발생했다.

작년과 마찬가지로 다시 상급기관으로 전출 가게 된 것이다.

새로 가게 된 상급기관은 우체국을 총괄하여 관리하는 우정사업본부로, 과학기술정보통신부 소속의 세종시에 있는 중앙부처다.

전국의 우체국에 관련된 이슈들을 모두 처리하고 최종 판단을 내리는 국가기관으로 여기서는 도저히 공부할 상황이 아닐 정도로 바빴고 또한 배워야 할 업무가 많았다.

생소한 업무로 연일 정신이 없어 이런 상태가 계속될까, 걱정되어 앞에 앉아 계셨던 베테랑 직원분께 언제쯤 그렇게 일을 잘하게 되냐 여쭤보니 '적응은 아직도 안 된다, 늘 대응만 하고 있다'라는 답변을 받았다. 무시무시한 답변에 이 새로운 환경에 대응하는 것이 우선이라 생각했기 때문에 노무사 수험은 이미 상급기관 전출 명령 때부터 희미해졌었지만 이때쯤엔 기억 속에 전혀 없었다.

그러던, 어느 날이었다. 우리 기관과 노동조합 간에 분쟁이 발생했었고 해답을 찾기 위해 노무법인에 자문받는 일이 있었다. 이때 내 소속기관이 노무법인에 자문한다는 것을 처음 알았고, 답변서라는 것도 처음 읽어보게 되었다.

답변서를 읽어보며 그동안 잊고 있었던 노무사 수험의 기억이 새록새록 떠올랐다. 당시 답변서에는 '단체협약의 일반적 구속력 효력'과 관련된 내용이 작성되어 있었고 법무법인과 노무법인 간에 각각 조금 다른 결론을 내고 있었다.

양측 의견에는 차이가 있었으나 답변서라는 서면 속에서 각 법인의 전문가들 간 자신들의 전문성을 바탕으로 의견을 개진하며 설명과 설득, 방향 제시를 하는 모습을 보며 '멋있다'라는 생각이 들었다. 그러면서도 마음 한편으론 답변서를 들고 그들의 전문성에 부러워만

할 뿐, 불과 얼마 전까지 아침 점심 저녁으로 힘든 몸을 이끌고 공부하던 노력을 내던진 채 전출 왔다는 이유로, 바쁘다는 이유로, 또 힘들다는 이유로 안이해져 있던 스스로가 한심했다.

그리고 또 한 가지, 신규 직원이었던 시절들을 떠올리면 알겠지만, 새로운 환경과 낯선 곳에서 칭찬 하나가 얼마나 소중한지 아시는 분은 아실 것이다. 내게는 현재까지도 내가 제일 좋아하고, 일적으로나 업무적으로 존경하는 사수 직원이 같은 계에 있었다.

답변서에는 내가 배운 내용이 많이 있어 이해가 나름 잘 되어 모처럼 설명을 열심히 잘하였고 그걸 듣고 사수 직원이 내게 '법률 검토는 나에게 맡기면 되겠다'라며 칭찬을 해주었다. 그 사수 직원은 기억하지도 못할 수 있고, 정말 감격해서 칭찬했다기보다는 그냥 기분 좋은 덕담 한마디 한 것인지도 모른다. 그러나 그 기억은 내게 노무사 수험을 다시 마음먹게 하는 계기가 되었고 그 말을 들은 날을 기점으로 다시 책을 펴고 공부를 시작하는 고마운 말이었다. 수험과 별개로, 누군가에게 가볍게 했던 좋은 말이 그 누군가에게는 전환점이 될 만한 중요한 말이 될 수 있다는 것도 이때 깨달았고 항상 웬만하면 남에게 좋은 말을 하려 노력하게 되었다.

다행히 상황도 전출 초기보다는 어느 정도 나아졌다. 업무 자체가 바뀐 건 아니었으나 사람은 적응의 동물이라는 말이 있듯이 2022년 겨울이 지나고 봄이 되자 어느 정도 새로운 곳의 생활이 익숙해졌고 체력도 회복이 되었고 다시 공부에 대한 의욕이 불타올랐다.

다만 마음이 걸리는 건 1차 유예기간이 종료되어 다시 1차 시험에 응시해야 하는 상황이었다. 가뜩이나 시간이 없는데 1차와 2차를 동시에 합격해야 하는 부담감은 상당했고 5월 1차 시험까지의 스트레스는 6월 이후 2차만 준비하던 때보다 스트레스가 더 컸다.

물론 필자가 시험 쳤던 2022년은 문항수가 변경되어 난이도가 올라간 2024년도 이전이었고, 2차 시험도 준비를 어느 정도 한 상황이었기에 열심히만 하면 1차 합격은 원활히 가능할 거라는 믿음은 있었다. 그래도 시험에는 '절대, 무조건'은 없고 '혹시, 설마'라는 게 있다 보니 가뜩이나 직장병행으로 수험하는 부담감 있는 상황에서 1차 시험준비까지 하면서 2차 시험 합격을 해야 한다는 목표는 그 자체로 큰 부담이었다.

지금도 조금 아쉬운 것은 수험을 마음먹었다면 전출이든 뭐든 상황을 고려하지 않고 1차 도전 때부터 계속해서 중간에 포기하지 말고 계속 달렸으면 합격이 더 수월하지 않았을까, 하는 소회가 있다.

수험을 다시 마음먹었던 2022년 2월쯤부터는 일단 2차 시험만 준비하였고 4월 중순부터 약 2주 동안은 1차 시험과 2차 시험을 병행하다가 5월 들어서는 1차 시험만 계속 준비하였다.

1차 시험 준비기간이 짧아 보이기는 하나 이는 1차 시험의 경우 예전에 한 번 합격했던 경험이 있었고, 또 2차 과목을 횟수로는 3번째 준비하고 있으니 가능한 것이지 노 베이스 직장병행으로 1차 준비를 하려면 개정 전 시험이라도 3~4개월은 준비를 해야 한다. (물론 지금 개정된 1차 시험으로는 6개월 이상은 준비해야 할 것으로 보인다) 1차 시험에 관해서는 뒤의 공부 방법 파트에서 후술하겠다.

2) 진행 과정: 부족한 공부시간이지만 치밀하고 꼼꼼하게

(1) 노동법

2021년 2차 도전을 하고 불합격의 주요 원인을 분석하면서 '판례 통 암기'의 수험 적합성에 대해 큰 고민을 하였다. 그러한 여러 고민 끝에 통 암기법을 버리고 두문자 암기법으로 변경하였고, 이수진 강사님의 쟁점 노트에 있는 모든 판례에 두문자를 표기하고 암기를 하기 시작했다. 처음에는 두문자라도 암기를 좀 더 수월하게 하려고 의미가 있거나 말이 되는 두문자를 만들려고 노력하였다. 하지만 직접 해보면 알게 되겠지만, 의미가 있는 단어로 만들 수 없는 두문자가 분명 나오게 된다. 의미가 없어 암기가 힘들어 보이는 이상한 두문자들이 과연 나중에도 머릿속에 기억이 잘 날까, 하는 의구심도 들었다. 다행히 시험 직전까지 수십 번 이상 암기를 반복하다 보니 의미가 없는 이상한 두문자들도 자연스럽게 암기가 되었다.

암기는 하면 할수록 탄력이 붙어 암기 속도가 빨라진다. 암기할수록 자신감이 붙었고 노동법 쟁점 노트의 모든 판례를 두문자로 외우는 걸 목표로 하며 숨 쉬듯이 암기를 반복하였다. 어느 정도 두문자 암기가 궤도에 오르자, 노동법 사례 문제집으로 문제별 목차 잡는 연습을 병행하며 사례 해결 능력을 키웠다.

2~3월은 그렇게 쟁점 노트의 두문자 암기와 사례 문제집의 문제별 목차 잡는 연습에 대부분 시간을 집중하였고 4월부터는 작년 모

의고사를 구하여 일주일에 1회는 기승전결이 완전한 답안지를 죽이 되든 밥이 되든 현출하는 연습을 하였다.

(2) 인사노무관리

1차, 2차 도전 실패의 주요 원인은 '선택과 집중(버림) 전략', 즉 인사노무관리의 소홀이었다. 이번 3차 도전 때는 정말로 인사노무관리를 한번 제대로 공부해 보자고 마음먹었고 많은 시간을 인사노무관리에 투입하려 노력했다.

물론 노동법이 핵심 과목이므로 많은 시간을 노동법 공부에 할애는 했으나 평일에 노동법을 공부하다 지칠 때마다 김유미 강사님의 2 순환 강의를 들었고, 주말에는 교재의 내용을 중심으로 서브 노트를 만들고 암기하였다. 특히 이번 공부의 핵심은 서브 노트였다.

여기서 인사노무관리의 서브 노트는 엄밀히 말해 일반적으로 책을 요약 정리하는 서브 노트라기보다는 노동법을 공부할 때 만든 목차 수첩과 비슷한 수첩을 말한다.

직무설계, 확보, 계발, 평가, 보수, 유지, 방출이라는 인사의 주요 카테고리를 중심으로 구분하고 각각 카테고리별로 구체적인 주요 인사기법들을 그 안에 채워 넣고 각 기법마다 묶어서 두문자를 만들었다. 그렇게 각각 카테고리별로 주요 기법들이 뭐가 있는지 목차와 두문자를 암기하되 기법 자체에 관한 공부를 위해 교재를 계속 회독하며 반복하였다.

(3) 행정쟁송법, 노동경제학

노동법, 인사노무관리에 많은 시간을 할애해야 했기 때문에 공부 시간의 절대량이 부족하여 행정쟁송법, 노동경제학에 투자할 수 있는 시간은 거의 없었다. 그럼에도 두 과목을 소홀할 수 없었기 때문에 두 가지를 정하였다.

첫 번째, 앞으로 시험 전까지는 점심시간에 행정쟁송법을 무조건 공부한다. 두 번째, 노동경제학은 다른 과목들 공부를 하는 와중에 지칠 때마다 쉰다고 생각하며 5문제씩 푼다. 이 두 가지였다.

첫 번째를 지키기 위해 점심시간에는 회식 같은 공식적인 자리이거나 정말 중요한 약속이 아닌 이상 오롯이 공부만 하며 시간을 보냈고 점심시간 내내 정선균 강사님의 핸드북 교재를 회독하였다.

시험 전까지 핸드북 회독 수를 셈해보면 1~3차 도전 기간을 다 합하여 어림잡아 100회는 될 거로 생각한다. 회독할 때는 쟁점별 목차의 경우 집중해서 암기하고, 목차 안의 주요 내용은 일부러 암기하지는 않고 최대한 많이 읽어서 눈에 익히려 하였다. 행정쟁송법의 경우 노동법과 달리 판례 등 주요 내용을 꼼꼼하게 암기할 필요는 적은 반면, 중요한 내용을 조금이라도 답안에 작성해야지만 점수가 나가기 때문에 빠뜨리지 않도록 목차 암기하는 것이 중요하다. (이러한 행정쟁송법 공부방식은 추후 손해사정사의 자동차 보험이론 공부 때에도 큰 도움이 되었다.)

노무사 수험과목 4개 중 1과목을 오롯이 점심시간에만 공부해야 한다는 압박감이 있었지만, 오히려 그 압박감 덕분에 점심시간을 사람들과 얘기하며 쉬고 싶다는 유혹을 억제할 수 있었다. 또한 느슨해지기 쉬운 하루의 중간인 점심시간에 몰입감 있게 공부하며 긴장감을 유지한 덕에 저녁 시간에도 공부에 쉽게 몰입하여 집중할 수 있었다.

1차나 2차 도전 때는 이런저런 핑계를 스스로 대며 점심시간에 공부하지 않고 직장동료들과 맛있는 걸 먹으러 가거나 쉬었던 적이 많은데 3차 도전 때는 공부를 하지, 안 한 적이 손에 꼽을 만큼 거의 공부에 집중하였다.

두 번째는 '노동경제학을 다른 과목 공부를 하다가 쉴 때 5문제씩은 풀자'이다. 노동법, 인사노무관리와 같은 논술형 공부와 같이 줄글이 많은 공부를 하다 보면 지루해지거나 머리에 과부하가 와 지치기도 한다. 이때 그래프, 수식 등의 수리적 사고가 나름 필요한 노동경제학을 풀면 머리가 좀 쉬는 듯한 기분이 든다. 물론 여기서 쉰다는 것이 휴식 시간과 같은 의미의 쉰다는 것을 의미하는 것은 아니다. 하지만 논술형 사고만 하던 머리가 수리적 사고라는 다른 방향으로 전환되어서 지루함에서 벗어나 집중력을 회복하는 데 도움이 되었다. 필자의 기분 탓일 수도 있지만 매우 효과적이었다.

노동법이나 인사노무관리를 1~2시간 공부할 때마다 김우탁 강사님의 노동경제학 120제의 문제를 5개 정도씩 풀었다. 처음에는 1문제를 푸는 데도 시간이 오래 걸렸지만, 같은 문제를 여러 번 풀다 보니 속도감 있게 반복해서 풀 수가 있었다.

노동법과 인사노무관리에 집중하기 위해 선택했던 이 두 가지 나름의 '규칙'은 9월 2차 시험 전날까지도 항상 염두에 두면서 최대한 공부시간을 효율적으로 활용하려 노력했다.

3) 결과: 초심으로 돌아가 만전을 기하다

노무사 진입을 한 것은 2020년 겨울로 약 2년은 지났지만, 공부방법의 시행착오도 많았고 그동안 공부한 내용들에도 허술한 부분들이 많았다.

정말 올해를 마지막으로 수험을 끝내고자 했고, 지난 1차와 2차 도전 때처럼 아쉬움과 후회가 남지 않기 위해 처음 공부한다는 마음가짐으로 시행착오를 없애고 허술한 부분을 보충하며 준비했다.

다행히 5월 말에 치렀던 1차 시험은 무난하게 출제가 되어 시험일 직후 발표된 가답안으로 채점한 결과 여유 있게 합격했다. 일단 1차를 합격했다는 안도의 한숨을 쉬었지만 이내 다시 도로 삼킬 수밖에 없었다. 5월 말 시점에, 2차까지는 3개월 남짓이었고 1차 합격으로 숨돌릴 틈 따위는 없었다.

6월, 7월, 8월 이제 3개월밖에 남지 않았고 직장병행인에게 시간은 언제나 그랬듯 촉박하고도 촉박한 상황이었다.

6. 3차 도전 파트 2: 2022.6월~2022.9월

1) 개요: 후회 없는 결과를 위해 사력을 다하여

2022년도 2차 시험은 9월 3일과 9월 4일에 예정되어 있었으며,

필자가 1차 시험 후 시험일까지 세웠던 공부계획을 크게 6, 7, 8월 시기로 나누면 아래와 같다.

- 6월 : 1순위 노동법, 2순위 인사노무관리
- 7월 전반: 1순위 노동법, 2순위 행정쟁송법
- 7월 후반: 1순위 인사노무관리, 2순위 노동경제학
- 8월 전반: 1순위 노동법, 2순위 인사노무관리,
  3순위 행정쟁송법, 4순위 노동경제학
- 8월 후반: 1순위 노동법, 2순위 인사노무관리,
  3순위 행정쟁송법, 4순위 노동경제학

마지막 도전이었던 3차 도전 파트 2는 필자 수험생활 중 가장 긴박하면서도 중요했던 만큼 월별로 공부내용을 정리하겠다.

2) 기간별 상황

(1) 6월: 핵심 과목에 집중하자

6월은 노동법과 인사노무관리에 대한 역량을 최대한 끌어올리는 것에 주안점을 두었다. 이수진 강사님의 노동법 쟁점 노트를 두문자로 암기하고, 인사노무관리는 주요 카테고리(확보, 계발, 평가, 보수, 유지, 방출)별 내용 정리를 반복하는 한편, 틈틈이 각 과목별 답안작성 연습을 하였다.

2년 전 처음 공부하던 1차 도전 시기에는 공부가 거의 제대로 되

어있지 않았음에도 서울로 상경하여 학원에서 모의고사를 풀기도 하였다. 하지만 가뜩이나 시간 없는 직장병행인인데, 도저히 서울로 왔다 갔다 할 시간이 없었다. 온라인 모의고사 첨삭이라도 할까? 고민도 했지만, 온라인으로 치르더라도 모의고사를 풀고 나서 사진 찍은 후 학원에 메일을 보내어 채점 받고 난 후, 회신된 내용을 다음날 복습하는 등 이러한 일련의 과정들이 시간 없는 직장병행인에게는 선뜻 내키지 않았다. 그런 작은 시간조차 절박한 상황이었다.

이러한 연유로 필자는 강사님들의 모의고사 문제를 구해 혼자서 시간을 재고 풀었고 채점은 강사 답안과 수강생 중 모범 답안을 비교하며 자가 채점하였다. 그러다 필자가 틀리거나 부족한 부분이 있으면 즉시 교재를 찾아보며 피드백하는 식으로 진행했다.

(2) 7월: 미리 하는 마무리 공부

대부분의 전문직 시험이든, 공무원 시험이든, 수능이든, 시험일부터 1달 전을 마무리 공부 기간으로 본다. 하지만 그건 전업 수험생 기준이고, 직장병행인은 전업 수험생보다 최소한 절반 정도밖에 시간이 없으니 두 달 전부터 마무리 공부한다고 생각하고 있어야 한다. 필자도 2022년 노무사 시험이 9월 초여서 두 달 전쯤인 7월부터 모든 과목을 건드려 가며 총정리를 했다.

7월 전반 시기에는 1순위로 여전히 노동법을 공부하였으나 행정쟁송법을 2순위로 주안점을 두고 공부를 하였다. 점심시간에는 항상 행정쟁송법을 공부했지만 그럼에도 공부시간이 부족하다 보니 합격

선까지 약 7~80% 정도까지 도달한 느낌이었고 확신이 들지는 않았다. 그리하여 7월에는 행정쟁송법에 많은 투자를 하였다. 이때에도 노동경제학은 다른 과목 공부하는 틈틈이 휴식한다고 생각하며 공부하였고, 인사노무관리도 주말에 1회는 카테고리별 정리한 서브노트를 회독하며 인사 학문의 전반 구조를 잊어버리지 않으려 노력하였다.

7월 후반 시기에는 전반과 달리 인사노무관리와 노동경제학을 주로 공부하고 노동법과 행정쟁송법을 틈틈이 공부하였다. 특히 노동경제학의 경우 총정리를 이 시기에 끝내는 것을 목표로 하였다. 이를 통해 시험 직전인 8월에는 나머지 3과목만 오롯이 집중하여 공부시간을 확보할 수 있었다.

(3) 8월: 한여름에 핫팩과 전기담요를 두르며

8월이 되자 이제 시험이 코앞으로 다가왔다는 긴장감이 들었다. 특히 7월 중~8월 중까지는 필자가 회사에서 담당하는 핵심 업무가 진행되는 시기여서 정신적으로나 육체적으로도 매우 힘든 시기였다.

우체국은 설날이나 추석 명절이 되면 전국적으로 택배 물량이 매우 많이 증가하기 때문에 '특별소통' 기간이라는 것을 운영한다. 이 글을 읽으시는 대부분의 분들은 명절에 택배가 평상시와 동일하게 원활히 가는 것이 당연하다고 생각하시겠으나 실제로 우체국에서는 평상시보다 훨씬 큰 예산과 인력, 노력이 들어가게 된다. 우정사업본부가 예금, 보험 분야에서 큰 운영을 하고 있으나 그럼에도 근간이 되는 사업은 우편이고, 그러한 우편 업무 중 핵심이 바로 특별소통이라 생각한다. 어쨌든 명절 선물대란 속에서도 국민의 택배를 안전하게 배달시키기 위해서는 특별소통 계획이라는 인력, 예산, 운영 등에 대한 대규모의 비상계획을 수립하게 되는데 필자는 그 업무의 주 담당이었고, 하필 노무사 시험 직전 시기였다.

특히 이 업무를 처음 담당하게 되었기 때문에 업무를 하면서 배울 것도 많았고 내용도 방대해서 일과시간에는 수험 생각이 날 수 없을 정도로 바빴다. 업무 중 신경 쓰는 게 많다 보니 퇴근 후에도 힘이 들어 침대에 잠깐 누워있다가 스터디 카페로 갈지 말지 갈등했던 적이 한두 번이 아니었다. 그나마 다행인 것은 정말 좋은 계장님과 사수 직원분이 계셔서 일 때문에 힘든 것이지 사람 때문에 힘든 극한의 환경은 아니었기에 버틸 수 있었다. 사람마저 힘들었다면 아마 의원면직(퇴사)을 했을 것 같다고 생각한다.

하지만 결국 몸이 버티지 못했는지 8월 중순부터는 건강 상태가 정말 악화하였다. 시험 3주 정도 남겨놨던 시점이었는데 냉방병인지, 감기인지 영문을 모르나 땀이 뻘뻘 나야 할 한여름임에도 불구하고 몸에 한기가 돌고 추워서 떨게 되는 이상 상태가 되었다. 시험 직전이라는 중요한 시기였음에도 몸은 공부에 적합한 상태가 아니었다.

그럼에도 시험이 임박하였다는 사실은 피할 수 없었기에 필자는 무척이나 더웠을 한여름임에도 내복을 입고, 핫팩을 들고, 휴대용 전기담요를 몸에 두르고 덜덜 떨며 스터디 카페에 가서 공부했다. 카페에서 나오는 에어컨이 추웠지만 집에서는 집중을 잘하지 못했기 때문에 어쩔 수가 없었다. 여기에 더해 몇 달간 낮에도 밤에도 계속 앉아있는 생활을 계속하다 보니 허리에도 무리가 와 시험 1주일 앞두고 병원을 방문하기도 하며 속이 타기도 했다.

'극한의 상황 속에서도 공부를 열심히 하여 합격했다!'라는 자랑으로 적는 게 아니고, 후술하겠지만 건강관리의 중요성을 말하고자 적는 것이며 정말 필히 수험생이라면 건강관리는 꼭 하시길 바란다. 필자도 그 중요성을 알았기에 손해사정사 공부할 때는 아무리 힘들어도 주 3회 이상은 헬스장에 가서 러닝머신이라도 하고 영양제는 매일 꼭꼭 챙겨 먹었다.

(4) 시험 직전: 불안감, 자신감 등 감정동요의 나날도 이제 끝

시험 직전이 되자 일반적인 수험생이 그러하듯 '시험에 불합격하면 어쩌지?' 하는 불안감과 '아니야, 이번엔 이렇게 열심히 했는데 합격할 거야!'라는 자신감이 매 순간 교차하며 기분이 왔다 갔다 했다. 전업 수험생이었으면 혼자 공부하다 보니 그런 감정들이 오롯이 느껴졌을 테지만 오히려 직장병행이다 보니 다른 사람들과 같이 있고 업무도 하다 보니 정신이 분산되어 감정의 동요가 전업 수험생보다는 덜했다. 다만 그런 장점이 굳이 찾자면 있다는 것이지 직장병행이라는 게 시험 직전이라는 정말 중요한 순간에 크게 발목을 잡았다.

필자의 주업무인 추석 대비 특별소통 계획수립 자체는 끝이 났고 8월 중순부터 2주간은 조금 여유가 있었으나 문제는 9월 시험 직전이었다. 2022년은 9월 9일부터 추석이었는데 특별소통 계획수립이 8월 중 끝이 나면서 본격적인 특별소통 계획에 따른 비상 운영 기간은 8월 29일부터였다.

해당 기간 동안 담당인 필자는 혹시라도 모를 비상사태를 대비해 사무실 대기를 해야 했다. 마음 같아서는 시험을 직전에 둔 일주일은 통으로 연가를 사용하고 공부하고 싶었지만 절대 그럴 수 없는 상황이었다. 특별소통 기간에 특별소통 담당자가 연가를 사용하는 것은 들어본 적도 없었다. 하지만 정말 보수적으로 잡더라도 하루는 4과목 전체 점검을 하고, 하루는 첫날 시험과목 복습을 위해 시험 직전 최소 이틀은 연가가 꼭 절실했다. 더구나 논술형 시험을 치를 체력을 조금이나마 회복하기 위해서라도 연가는 필요했다.

결국 그간 직장에서 수험공부를 비밀로 하였으나 같은 계원인 사수 직원분과 계장님께 양해를 부탁드릴 수밖에 없었다. 그런데 특별소통 기간에 담당이 무슨 연가냐고 불쾌해하실 줄 알았던 내 우려는 정말 기우였다. 필자가 다른 복은 없어도 옛날부터 느낀 것이 인복은 있다고 생각한다. 다행히 계장님과 사수 직원분 모두 오히려 그동안 일하면서 공부를 한 것에 대해 꿈에도 몰랐다며 대단하다고 칭찬해주고, 진작 말했으면 더 도와줬을 텐데, 라며 격려도 해주셨다. 두 분께서는 흔쾌히 허락해 주시면서 시험 직전 목요일, 금요일 이틀간 절대 무슨 일이 있어도 업무적인 연락이 가지 않을 테니 걱정 말고 시험에만 집중하라고 하셨다.

두 분은 정말로 그렇게 이틀간 전혀 연락을 해주시지 않았고 이틀간 오롯이 공부에만 집중할 수 있었다.

필자는 시험 지역을 당시 거주하던 세종과 가까운 대전으로 정하였고 토요일인 2차 시험 첫날을 위해 금요일 저녁에 미리 대전지역에 있는 호텔로 예약도 했다.

솔직히 세종과 대전은 거리가 30~40분 정도라 세종에서 시험장에 바로 가도 되기는 하였지만 몸이 너무 안 좋았고 마지막 시험인 만큼 조금이라도 시험에 도움이 되었으면 하는 바람이었다.

대전으로 넘어가던 저녁, 이틀 동안 타지에 있어야 하니 준비물을 사러 마트에 잠깐 갔었는데 이때 다소 오글거리지만, 힘이 됐던 에피소드가 있다. 정말 이번이 마지막 시험이라고 생각하면서도 건강이 안 좋아 스트레스받는 상황이다 보니 신경은 매우 곤두서 있었고 마트에 갔을 때도 걱정, 불안, 초조함이 온몸을 사로잡았다. 그때였다. 집 앞의 마트를 툭하면 가서 수십 번 갔음에도 듣지 못했던, 내가 옛날부터 힘들 때 듣던 노래가 마트 전체에 울려 퍼졌다. 대형 마트 전체에 그 노래가 울려 퍼지는데 대전으로 전쟁(?)하러 가기 전에 응원가처럼 들렸고 그 기억이 필자에게는 그 당시 큰 위로와 힘이 되었다. 지금 생각하면 오글거리나 그 당시에 그런 것 하나가 와닿았을 정도로 심적으로 힘들었지 싶다.

대전의 호텔에 밤 10시쯤 도착하였고 12시까지 마무리 점검 공부를 하고 잠을 잤고 아침 6시쯤 일어나 노동법 판례를 계속해서 점검하고 시험장에 들어갔다.

3) 결과: 아쉬움 없이, 시험장을 나오다

(1) 노동법(62.6점)

노동법의 경우 시험장 들어갈 시점에는 노동법 주요 판례들의 세부 내용까지 두문자로 거의 완전하게 외우고 있었고 실제로 시험 직후 찾아본 웬만한 학원강사들의 모범 답안보다는 분명 잘 썼고 이수진 강사님의 빼곡한 모범 답안과 거의 동일한 구조와 내용을 적었다.

그러나 성적이 현출해 냈던 것에 비해 다소 부족하게 나왔는데 이는 분명 '틀리게' 작성한 부분 때문이었을 것이다.

노동법 1의 저성과자 해고에 대한 문제를 예로 들면, 수험카페의 시험 후기들을 보았을 때 많은 분이 작성하지 않았던 최신판례의 내용들 전부 다 적었었다. 그런데 정작 기초적인 내용인 저성과자 해고를 통상해고가 아닌 징계해고로 적었었다. 모 강사님의 교재에 애매하게 징계해고로 볼 수 있는 여지가 있기는 했으나 통상해고가 맞고 그렇게 서술했어야 했다. 그 외 내용은 이수진 강사님의 답안과 거의 동일하게 작성해서 높은 점수를 기대했지만, 기초적인 내용에서 오류를 내 버렸다.

이런 문제가 발생한 원인은 간단히 찾을 수 있다. 필자는 시간이 없다는 이유로 강의를 거의 듣지 않고 강사 교재를 보며 독학 위주로 공부했었고 방대한 내용의 교재 중 지극히 기본적이지만 중요한 부분을 놓치기도 했었다. 위의 문제가 그러하다.

노동법도 처음 공부할 때부터 2 순환 강의로 시작하여 시험 전에 3 순환 강의를 들은 게 다였고 그 외 시간에는 계속해서 강사 교재들을 독학으로 공부했다.

0 순환~3 순환까지 이어지는 정규 커리큘럼을 따라서 정석대로 공부했다면 저성과자 해고를 징계해고로 보는 그런 기초적인 오류는 줄일 수 있었을 것이라는 아쉬움이 있다.

그래도 노동법 과목의 점수가 합격에는 무리가 없었으므로 스스로는 만족했다.

(2) 인사노무관리(59.9점)

1, 2차 도전 때보다 훨씬 많은 공부시간을 투입하였던 덕분에 공부를 많이 했다는 사실 자체가 자신감을 북돋아 주었고 시험 결과도 나름대로 만족하였다. 고득점이 아님에도 뭘 만족하는 것인지 의아해할 수 있으나, 계속 말하듯이 인사노무관리 과목은 노동법만큼 방대한 양을 가지고 있기에 다른 과목들 공부할 시간도 없는 상황에서 많은 시간을 투입할 여력이 없었다. 직장병행으로 시간이 부족한 상황에서 인사노무관리 과목은 공부시간의 투입 대비 결과의 적정선이 어느 선인지 항상 고민이었다. 3차 도전 때에는 그 적정선을 찾아내어 딱 시험 합격에 필요한 점수만큼 공부하여 그 결과를 얻어냈다고 생각한다. 그렇기에 합격에 큰 도움이 될 만한 점수는 아니나 합격에 누가 되지는 않았다는 점에서 성공적인 결과라 생각한다.

(3) 행정쟁송법(59.2점)

2차 도전 때 모의고사의 중요성을 간과했던 패착을 떠올리며 3차 도전 때에는 정선균 강사님의 핸드북과 모의고사뿐 아니라 다른 강사님들의 모의고사를 거의 다 구해서 보았고 심지어는 작년 모의고사도 일부 챙겨보았다. 모의고사에서 나온 주제 중 일부가 나와 시험을 치면서도 모의고사를 안 봤으면 어땠을까, 등골이 약간 오싹하기도 했고 무난하게 시험을 치렀다.

(4) 노동경제학(61.8점)

노동경제학은 김우탁 강사님의 120제 문제집의 내용을 여러 번 회독하기는 하였으나 막상 시험 직전에는 불안함이 들었다. 다른 3과목 공부에 집중해야 한다는 이유로 절대적 시간 투입량이 적었고 혹시나 120제 문제 외의 불의타가 나오면 어쩌지, 하는 생각이 있었다. 1, 2차 도전 때 경험상 노동경제학에서 난이도 높은 문제가 나오지 않았으니 나름의 자신감은 있었지만, 혹시나 하는 불안함은 어쩔 수 없었다.

그런데 그 '혹시나'가 현실이 될 거라고는 생각 못 했다. 2022년 노동경제학 시험은 불의타가 나왔고 이때 문제지를 받았을 때의 당혹감은 '노무사 수험카페'에 시험장에서 나오자마자 '이게 뭐죠?'라는 글을 쓴 것으로 잘 나타나 있다.

문제지를 받았을 때 당혹감이 더 컸던 이유는 노동경제학은 강의를 듣지 않았었던 터라 혹시 나만 당혹스러운 것이고 남들은 작년, 재작년에도 그랬듯 쉽게 풀어나가는 것은 아닐까? 하는 걱정 때문이었다. 하지만 시험시간이 좀 지나자, 시험장 여기저기서 탄식과 한숨

이 나왔다. (정말로 한숨 쉬는 소리가 많이 들렸다) 그 소리 덕에 나 혼자 어려운 것은 아니구나, 라고 깨닫고 오히려 힘을 얻어 차근차근 문제를 풀었다.

다행인 것은 비록 행정고시 준비를 한 지 수년 전이라 미 · 거시 경제학 지식은 거의 없었지만 경제학원론 수준의 기억은 노동경제학을 공부하면서 조금 되살아나, 이를 토대로 시험 문제를 연구하며 풀어냈다.

솔직히 시험이 끝나고 돌이켜보면 문제 자체가 난이도가 높았다고 볼 수는 없다.

그동안 노동경제학 시험은 불의타가 없고 다년간 강사저에서 담겨있던 내용의 문제들만 출제되면서 대부분 수험생이 응용력보다는 암기 위주로 공부하였기 때문에, 이번 시험 문제와 같이 단순 암기력 테스트가 아닌 암기한 공식을 조금 응용해야 하는 문제에 대해 어렵게 느껴졌을 터였다.

수험생들의 멘탈을 털었던 불의타 1번 문제가 그러했다. M-A 여가 소득 곡선의 경우 노동경제학의 기본이었고 모든 수험생이 완전히 풀 수 있는 문제였으나 이번 출제된 문제는 여가 소득 곡선을 기존에 알던 것과 반대로 그리면 되는 문제였으나 대부분 수험생이 그 발상을 하지 못해 시험 후 울분을 토하게 했다.

필자도 시험지를 받고 당황했지만, 경제학원론 수준의 지식을 기반으로 차근차근 1번을 풀어냈고 강사 답안들을 봤을 때 1번은 거의 만점을 받았을 것으로 생각한다.

하지만 전체 점수가 그리 높지 않은 이유는 2번 문제인 지니계수 문제를 잘못 풀었기 때문이다. 여기서도 노동법에서와 마찬가지의 문제가 발생했다.

강의를 들으며 기초부터 쌓지 않고 대부분 문제집으로 독학 공부를 하다 보니 기초적인 내용을 틀렸다. 지니계수를 직접 산출하는 문제는 1차 경제학 과목 때부터 강의를 듣고 공부한 사람이라면 수월하게 맞출 수 있는 문제였기에 쉬운 문제였다. 그럼에도 필자는 혼자 문제집만 보며 독학하다 보니 기초강의에서 다루었을 정도로 나름 중요한 내용이었다는 걸 알지 못했고 상대적으로 쉬운 문제였음에도 해당 문제는 0점이 되었을 터였다.

어쨌든 노동경제학 결과는 딱 공부한 만큼 나왔다고 생각한다. 그간의 공부 구력 덕에 도움을 받은 부분도 있고, 반대로 그 구력을 과신해서 소홀하게 되어 위험했던 부분도 있고. 딱 그에 맞는 점수가 나왔다.

7. 결어: 합격, 당신도 할 수 있다

예전에 행정고시 공부를 할 때 어떤 강사님이 이런 말씀을 하셨다. 시험장을 나왔을 때 이 정도면 합격할 것이다, 이 이상 더 잘 쓸 수는 없다는 생각을 해야 아슬아슬하게라도 합격한다고.

시험은 정직하다. 투입한 만큼 결과가 나오니 요행을 바라서는 안 된다고 생각한다.

하지만 사람 마음은 어쩔 수 없는 것인지 필자가 지금 와서 돌이켜 보면 1차 도전 때는 부끄러울 정도로 공부량이 적었음에도 '이 정도면 합격하겠지?' 하는 요행을 바라는 마음이 한가득했다. 2차 도전 당시에도 인사노무관리를 거의 개념 용어만 정리하고 갔으면서 그래도 대충 소설을 쓰며 비벼 쓰면 어떻게든 합격하겠지? 하는 마음이 있었다. 그래서 두 번 다 불합격했고 당연한 결과였다.

3차 도전 때는 전력을 다해 모든 과목을 최대한 노력하였고 시험을 치고 나오면서 과거 그 강사님이 말씀하신 것처럼 이 이상을 잘 쓸 수 없다는 생각이 들었다.

물론 객관적으로 절대적인 수준에서의 잘 썼다는 걸 말하는 게 아니다. 여기서 '잘 썼다의 의미'는 시험장에서 내가 할 수 있는 한 모두 쏟아부어 냈을 때 주관적으로, 스스로에게 부끄럽지 않을 정도로 잘 썼다는 것을 말한다.

3차 도전 당시 시험장을 나오면서 그러한 느낌을 받았으므로 결과 발표까지 두 달여간 다른 사람들의 복기 답안을 보며 필자가 더 잘 썼으면 기뻐하고 필자가 부족해 보이면 탄식하는, 소위 천당과 지옥을 번갈아 가기는 갔으나 내심으로 결국에는 합격할 거 같다는 믿음은 있었다. 합격 점수가 그리 높지 않다는 것은 합격 이후에는 중요하지 않았다. 직장병행이라는 절대시간이 부족한 상황에서 합격을 목표로 최대한 효율적으로 과목별 공부를 하였고 결과는 성공이었다고 본다. 시행착오를 거치면서 좀 돌아온 감이 있지만 그래도 합격이라는 결과로 끝나 만족한다.

이렇게 그리 머리가 뛰어나지 않은 필자가 직장병행으로 휴직 없이 노무사 합격을 할 수 있었던 걸 보면, 어느 정도 공부 저력이 있는 평범한 직장인들이라면 충분히 합격할 수 있는 시험이다.

물론 필자의 논술형 시험 경험(행정고시)이 시험에 접근을 쉽게 한 건 맞지만 누누이 말했듯 노무사 시험은 내용 자체가 대부분 직장인이라면 어느 정도 소양은 이미 갖춰져 있다. 다만 위의 수기에서 필자가 겪은 여러 시행착오를 조심해야 하고(그렇지 않으면 필자처럼 돌아가게 된다), 필자가 말한 공부 방법들을 참고한다면 이 책을 읽는 분들은 충분히 직장병행으로 공인노무사에 합격할 수 있다고 믿어 의심치 않는다.

제11부

노무사 & 손해사정사 더블 취득, 왜?

노무사를 직장병행으로 준비하면서 몸이 많이 안 좋아졌고 더 공부해서 무언갈 취득하고자 할 의욕도 별로 없어졌다.

하지만 노무사의 전문성과 업무내용이 비록 매력적이기는 했으나 단편적으로만 보았을 때 타 전문자격사들보다 범위가 좁다고 생각되었고 소위 '시너지' 자격증을 고민하게 되었다.

많이들 꼽는 '시너지' 자격증은 '세무사'이고 실제로 실무적으로도 많은 협업이 이루어지고 있다.

하지만 세무사를 노무사의 시너지로 취득한다는 건 평범한 사람에겐 힘들다. 생소한 과목에다 수험량이 많기도 하고, 세무사를 운좋게 취득한다고 하더라도 결국엔 하나를 선택할 수밖에 없을 정도로 합격 후 실무에 요구되는 전문성이 높아서 평범한 사람이 노무사와 세무사 두 자격의 전문성을 확보하기는 벅차다.

그래서 택하게 된 것이 손해사정사다. 의뢰인이 피해자라면 사고 발생 시 법률상 손해액을 산정하고 이를 토대로 보험회사가 지급해야 할 금액과 상대방 가해자에게 청구해야 할 금액을 산정한다. 이러한 업무 과정을 통해 민사사건에 대한 감각도 익히고, 산재, 근재 등 각종 근로자와 관련된 보험사고 건에 대한 전문성을 기대할 수 있다.

물론 손해사정사를 본업으로 하게 되면 만만치 않은 전문지식을 요하게 되나 노무사와 시너지 있는 분야, 즉 산재, 근재 등으로 한정한다면 괜찮은 자격사라고 생각하였다.

그래서 노무사 수험 후 1년 만에 다시 직장병행 수험을 도전하고자 마음먹게 되었다.

손해사정사란 자격증에 대해 말해보자면, 손해사정사를 아직 모르는 사람이 많은 것도 사실이나 업계 종사자나 공부를 해본 수험생이라면 누구나 전문직일 수밖에 없다는 생각이 들 정도로 내용이 정말 전문적이다.

보험업계에 종사하거나 따로 대학교에서 공부한 것이 아니라면 일상에서는 접해보기 힘든 내용이고 상당히 깊이 있는 사고력과 판단력이 필요하므로 세간의 낮은 인지도에 비해 만만하게 진입할 자격증은 아니다.

다만, 추후 상황이 변경될 수는 있겠지만 현재로서는 수험에 진입하는 '인재 풀'이 타 자격사들보다 떨어지기 때문에 공부 난이도에 비해 합격 난이도는 낮은 상황이다. 그러니 지금 기회가 될 때 빨리 취득하는 게 유리하다.

제12부

직장병행 수험기
- 손해사정사 편

1. 들어가며

2022년에 노무사 시험에 합격한 이후 재충전 시간을 가지면서 평일 저녁과 주말 휴일을 자유롭게 만끽하였다. 이제 직장 다니면서 공부를 더 할 것이라는 생각은 전혀 없었고 앞으로도 없을 것으로 생각했다.

2023년 7월에 부서를 옮기게 되면서 새로운 업무를 배우느라 바쁜 시간을 보냈지만, 9월쯤 되어 직장 생활이 어느 정도 적응이 되자 또 다른 생각이 마음 한편에서 스멀스멀 올라왔다.

노무사는 많은 전문성 있는 업무영역을 가지고 있고, 산업재해보상도 그 업무영역에 포함된다. 마침 주변에서도 산재 사건만 위주로 하거나 희망하는 노무사들이 있어서 간간이 얘기를 들었다.

전문직이라면 자신의 업무영역 내에서 수준급의 전문성을 보유하여야 할 것인데 산업재해보상의 경우 노무사의 주 업역임에도, 관련하여 별도로 공부하지 않는다면 제대로 수행할 수 없는 분야였다.

물론 산재 대리권이 국가로부터 부여되어 있으므로 가능은 하겠지만 관련 지식이 없는 노무사가 산재 사건을 수임하여 진행하는 것은 바람직하지 못해 보였다.

산업재해사고로 고통받는 피해자들이 노무사를 찾아온 것은 도움이 필요한 절박한 상황일 텐데 정직하게 최선을 다해 주는 게 예의라는 생각이 들었다. 그래서 산업재해사고에 대해서 어느 정도의 의학적 지식을 토대로 장해등급을 가늠하고 보상수준을 계산할 수 있는 능력이 필요했고, 손해사정사라는 자격증을 공부하고 취득함으로써 기초적인 소양을 만들 수 있을 것으로 판단되었다.

공부를 하기로 결단이 내려지자, 과거 노무사에 1~3차 도전을 하며 갈팡질팡했던 시행착오를 토대로 비록 직장병행이지만 빠르고 확실하게 합격하는 공부 방법을 시도해 보기로 했다.

공부 기간

2023년 10월 공부를 시작하였고

2024년 3월 1차 시험 합격 후

2024년 7월 2차 시험 합격

2. 수험 시작: 2023.10월~2024.1월

1) 개요

손해사정사 수험은 인스티비 학원에서 종합강의를 들으며 시작했다. 의학이론은 김윤아 강사님, 책임 근재는 김태윤 강사님, 제3 보험은 윤금옥 강사님, 자동차보험은 박세원 강사님을 택하였다.

노무사 수험과 달리 강사님 이름을 먼저 명시하는 이유는 손해사정사의 경우 강의의 중요성이 노무사보다 더 크다고 생각하기 때문이다.

처음에 손해사정사를 공부하기로 했을 때는 노무사 합격도 했으니, 손해사정사는 훨씬 수월하게 붙겠지, 라는 생각으로 책부터 펼치고 읽기 시작했다.

하지만 이내 책을 덮고 강의를 알아보게 되었다. 간혹 노무사와 손해사정사의 난이도를 물어보는 사람들이 있어서 여기서 지극히 개인적이고 주관적인 생각을 말하면, 일단 합격까지의 난이도는 노무사가 분명히 손해사정사보다 훨씬 높다. 하지만 과목의 난이도 자체는 손해사정사가 더 어렵다고 생각한다.

노무사의 경우 엄밀히 말해 노 베이스 수험생은 없다고 볼 수 있다. 노동법, 인사노무관리 과목의 경우 4년제 대학에 다니고 사회생활을 하다 보면 자연스레 쌓이는 인문학적 소양 정도로도 충분히 공부할 역량이 길러지고, 강의를 듣고 교재를 공부할 때도 특별히 난해하고 복잡하여 머리 아픈 경험은 거의 없다. 단지, 암기를 세밀하게 해야 하는 게 어려울 뿐이다.

하지만 손해사정사는 보험업계에서 일하는 사람이 아니라면 모든 것이 생소하고, 몇 번을 듣고 반복해도 이해가 잘 안되는 복잡한 부분들이 많았다.

필자도 보험과는 완전히 무관한 사람이었고 처음 손해사정사 책을 펼쳤을 때 피보험자, 보험수익자, 보험가입금액, 보장책임액 등등 기초적인 용어 자체도 파악이 되지 않아 매우 헷갈렸다.

그렇기에 호기롭게 독학으로 준비해 볼까? 라는 생각을 잠깐 했지만 거의 곧바로 학원 강의 결제 버튼을 클릭하였다. 지나고 보면 잘한 선택이었다.

2) 진행 과정: 종합강의를 따라가며 초석을 세우자

(1) 의학이론

의학이론은 의료 및 보험업계 종사자가 아니라면 정말 생소한 분야이기 때문에 전체적인 내용의 '뼈대'를 잡는 기초가 중요하다. 즉, '뼈대'를 완성하고 거기에 구체적인 내용인 '살'을 붙여나가야 하지, 중구난방으로 이것 외우고 저것 외우며 공부하다 보면 머릿속에 정리가 되지 않고 구름처럼 둥둥 떠다니기만 한다. 결국 안 그래도 어려운 의학이론이 더 어렵게 느껴지게 된다.

의학이론은 크게 질병과 상해 두 파트로 나눠지고 그 중 상해 파트의 비중이 70% 이상 정도로 매우 높아 상해 파트를 먼저 공부하는 것에 집중해야 한다.

상해 파트 공부에 있어서 뼈대가 되는 기초작업은 '몸의 뼈와 근육의 위치, 명칭' 암기에서 시작한다. 강사 강의를 들으면서 가만히 수동적으로 듣지 말고 수시로 강의에서 설명하는 뼈와 근육을 손으로 자기 몸에서 직접 짚어도 보았다. 또 일상생활을 하다가도 한 번씩 몸을 만지며 뼈 구조를 읊어보며 반복적으로 확인을 하고 암기를 해나갔다.

이렇게 상해 파트는 암기하려 노력한 반면, 질병 파트의 경우 이 시기에는 강의를 가볍게 들으며 그런 게 있구나, 하는 정도로 듣고 넘어갔다. (엄밀히 말하면 몸의 뼈 구조를 외우고 상해파트 공부하는 것만으로도 벅찼다.)

(2) 책임 근재보험론

손해사정사 공부를 하면서 그나마 가장 공부하기 수월했던 과목이 책임 근재이다. (노동법, 행정법과 큰 관련은 없지만) 공부 내용이 법학과 다소 비슷한 구조였고 실제로 민법에 관한 내용도 많이 나와 다른 과목에 비해 처음 공부 시작할 때의 부담감은 적은 편이었다.

그 때문에 다른 과목에 비해 접근이 수월할 뿐 아니라 특히 공부를 하면서 그나마 재미를 느낀 과목이었다. 왜냐하면 노무사의 산업재해보상 업무와 매우 밀접한 관련이 있었고 또 민법에 대해서 적지만 실무적인 기초 내용을 배울 수 있어서 좋았다.

김태윤 강사님의 강의와 교재만으로 공부했기 때문에 원래 책임 근재 과목의 특성인지는 모르겠으나, 다른 과목들에 비해서는 좀 더 체계화 · 정형화된 느낌이었다.

간단하게, 책임 근재의 큰 틀은 법률상 손해배상금 산정을 위한 공식을 암기하고 실제 사례에 적용하는 사례 파트, 다양한 의무보험과 임의보험을 백과사전식으로 암기하는 보험 약관 파트 이 두 개로 나눌 수 있다.

사례 파트의 경우 강의를 따라가면서 주요 공식을 암기하고 교재에 있는 문제들 위주로 풀어보는 연습을 하였다.

공식이 엄청 많다고는 할 수 없지만 고등학교 졸업 이후 정말 오랜만에 수학 공식을 하는 느낌이라 다소 애를 먹기는 했다. 어찌어찌 공식을 암기하더라도 문제를 풀다 보면 공식에 적용해야 하는 주요 항목을 자꾸 누락하는 실수를 해서 실전에서는 어쩌지? 하는 걱정도 되었다.

다행히 시험 직전까지 수없이 많은 문제를 계속 풀어나가니 그런 실수는 어느 정도 해결이 되었다. 그러니 처음 공부하시는 분들도 초반부터 너무 걱정하지 않으셔도 된다.

보험 약관 파트의 경우, 이 시기에는 암기는 하지 않고 '이런 보험 종류도 있구나. 신기하네'라고 가볍게 생각하며 개괄적인 내용을 훑어보는 정도만 했다.

암기를 하지 않은 이유는 이 시기에는 사례 파트에 집중하는 것이 효율적이다. 사례 파트는 공식을 암기하고 사례에 적용하는, 수학이나 경제학과 같이 수리적인 부분이 많아서 어느 정도 수준에 이르면 다른 내용에 비해 기억이 오래간다. 공인노무사 때 노동경제학을 수험 초기에 잡아놓자, 시험 직전에는 거의 공부를 하지 않아도 무리가 없었다. 그와 같이 책임 근재의 사례 파트도 지금 시점에 집중해서 공부해 놓으면 나중에 공부시간 확보에 도움이 될 것으로 생각했고 돌이켜볼 때 그 전략은 결과적으로 괜찮았다.

(3) 제3 보험

제3 보험은 크게 표준약관, 장해, 실손보험으로 나눌 수 있다.

일상생활에서 사고를 당하거나 질병에 걸려 보험처리를 해본 사람이라면 그나마 접해봤을 수 있는 보험 과목이라 친숙할 수는 있다. 다만, 일상에서 듣고 가볍게 지나갔을 내용보다 훨씬 깊고 넓게, 그리고 그것들을 머릿속에 넣는 작업을 해야 한다.

일단, 표준약관의 경우 법학 공부랑 조금 유사한 부분이 있어서 다소 접근이 수월하나, 양이 많지 않은 만큼 자세한 암기와 이해가 필요하다. 그렇기에 초반부터 자세하게 암기하려면 너무 힘들기 때문에 초반에는 약관의 내용을 눈에 익히는 데 주안점을 두고, 강의를 들으며 이런 게 있구나, 하는 정도로 넘겨보는 것이 좋다.

장해의 경우 장해율을 한 페이지로 정리한 후 암기를 먼저 선행하였다. 인터넷에 돌아다니거나 강사가 무료로 배포하는 표를 구해서 보면 된다.

필자도 처음에는 생소한 분야여서 복잡한 장해율 표가 다 암기가 될까 싶었으나, 수없이 반복하며 암기하다 보니 시험 전에는 쉽게 현출할 수 있었다. 이러한 장해율 암기가 완성되면 자연스레 장해 파트에 대한 전체적인 이해도도 올라가서 공부가 훨씬 수월하다.

실손보험의 경우 책임 근재의 사례 파트와 비슷하게 계산 문제 연습이 필요하다.

계산 공식과 변수를(보상하지 않는 손해, 자기부담금 등) 다양한 사례에 적용하여 풀어보는 연습이 많이 필요하다. 다만 공부 시작 단계에는 강의를 들으며 전체 내용을 익히는 게 우선이므로 범위를 넓히지 말고 현재 수강하는 강의의 교재에 있는 문제들만 풀었다.

벌써부터 너무 많은 문제를 풀려고 해 봤자 잘 풀지도 못해 시간도 오래 걸리고 정확도도 떨어지니 차라리 강의에서 다룬 문제만이라도 내 것으로 만들자는 생각이었다.

(4) 자동차보험

손해사정사 공부에서 가장 낯설었고 어려웠던 과목은 단연코 자동차보험이다. 공부 시작 때도 그러하였고 시험 직전에도 그러하였다. 필자는 특히 장롱면허라 운전 경험이 거의 없다 보니 다른 과목처럼 보험 용어가 낯설 뿐 아니라 공부 내용에 대한 이해도 잘되지 않았다.

그래서 양을 절대 늘리지 않고 컴팩트하게 수험 적합한 내용만 축약해서 공부하고 싶었고 다행히 박세원 강사님의 강의와 교재가 그 방향에 부합하였다.

일단 자동차보험은 필자에게 있어서 미지의 영역에 속한 과목이었기 때문에 강사님이 전체 내용을 요약하여 만든 한 장짜리 페이퍼(강사님은 이걸 '치트 키'라고 명명)를 내비게이션 삼아 더듬어가며 공부하였다. 자동차보험도 책임 근재와 비슷하게 사례 파트와 약술 파트로 크게 나눌 수 있다.

사례 파트의 경우 자동차보험의 전반적인 내용을 숙지하고 있어야 풀 수 있고, 과거 사례문제를 보면 난이도가 너무 높아 문제를 풀

수록 자신감을 뚝뚝 떨어뜨렸다. 다만 과거와 달리 최근에는 사례문제의 비중이 적어지고 문제의 난이도도 다소 낮아졌으니 그나마 다행이라 볼 수 있다.

그럼에도 다음 시험에서는 어떻게 출제될지는 알 수 없으므로 사례문제를 난이도 높게 준비할 수밖에 없는데, 풀 때마다 과연 이걸 시험 직전까지 잘 풀어낼 수 있을까? 하는 의아함이 들었다.

돌이켜보건대 이 시기에 스트레스를 받아 가면서도 꾸역꾸역 문제를 풀어나갔던 경험이 시험 직전에 가서는 안정적으로 문제를 풀 수 있는 기반이 되었던 것 같다. 따라서 이 시기에는 강의를 들으면서 약술만 암기하는 방식보다는, 사례문제를 푸는 데 집중하고 문제에서 나오는 관련 약술들을 훑어보는 식으로 공부하기를 추천한다.

어차피 약술만 암기하려면 잘 외워지지도 않고 어디가 중요한지도 잘 알지 못하기 때문에 사례를 중점적으로 공부하는 것이 더 효율적이라 생각된다. (대신 후술하겠지만, 시험 직전에 가서는 약술 공부를 중점적으로 해서 완성도 있는 현출이 가능해야 한다.)

3. 수험 중반: 2024. 2월~2024. 4월

1) 개요

손해사정사 1차 시험이 다가온 시기이다. 이때는 1차 과목 위주로 공부하면서 2차 공부를 병행하였다. 1차 시험에서 떨어지면 금년도 2차 시험을 못 치는 것은 물론이거니와, 내년도에 1, 2차를 동시에 준비하여 치러야 한다는 점과 그런 불안감 속에서 올해 공부를 해야 한다는 점이 우려되어 1차 공부에 많은 시간을 할애하였다.

세간에서는 손해사정사 1차가 쉬워서 1달이면 충분하고 심지어는 1~2주도 가능하다는 얘기가 있으나 필자 경험상 보험 관련 공부를 해본 적이 없는 문외한이라면 직장병행 기준 3달, 전업 기준 2달은 필요하다고 생각한다. 물론 이보다 더 적게 공부해서 붙을 수는 있다. 1차 시험은 상대평가가 아니라 절대평가이고 100점 중 60점 이상만 합격하면 되는 시험이기 때문이다. 하지만 아슬아슬하게 60점 언저리를 목표로 공부하는 경우 최대 효율을 낼 수도 있지만 떨어졌을 때의 리스크를 생각하면 위험해 보인다.

필자는 1차 시험에 떨어질 수도 있는 리스크를 부담하기 싫었으므로 가뜩이나 시간이 없는 직장병행인이라지만 3개월 정도의 기간을 잡고 1차 준비를 하였다. 기간을 길게 잡은 만큼 1차 공부를 주로 하면서도 2차 공부도 틈틈이 하였다.

이 시기에 집 이사를 가게 되었다. 기존에는 출퇴근 거리가 편도로 도보 15분 정도였는데 이사 후 편도로 버스 40분 정도 거리가 되었다. 퇴근하고 바쁘게 집에 와서 공부해야 하는데 출퇴근 거리가 멀어져 공부시간에 대한 걱정이 조금 되었었다.

하지만, 막상 이사 와서 적응하니 마냥 나쁘지는 않았다. 버스에서 운 좋게 자리에 앉게 되면 꿀 같은 공부시간을 가질 수 있었고 서있을 때도 서브 노트를 꺼내서 공부할 수 있었다.

아침 출근 전 약 30분 정도 시간 동안은 의학이론을 제외한 2차 시험과목을 돌아가며 공부하였고, 출퇴근 시간에는 무조건 의학이론을 공부하였다. 점심시간에는 1차 공부를 하였고, 퇴근 후 약 3시간 정도 공부시간이 확보되었다. 그 3시간 중 2시간은 1차를, 1시간은 2차 공부를 하였다. 그러다 4월에 들어서는 거의 모든 시간을 1차 공부에만 투입하였다.

1차 시험을 4월에 치렀고 결과는 당일 바로 알 수 있었다. 다행히 70점 중반대의 안정적인 합격 점수가 나왔다. 아주 높은 점수는 아니었으나 합격에 아무 지장 없는 점수였기 때문에 1차 불합격 리스크에서 벗어났다는 안도감에 한숨을 쉬면서 바로 다음 날부터 공부를 이어갔다.

1차 과목 공부 Tip

시간이 없는 상황에서 강의를 듣는 건 어려웠고 기본이론 교재를 읽고 난 후 기출문제를 중심으로 반복해서 많이 풀었다.

책을 선택할 때는 기본이론이 단원별로 구성되어 있고 각 단원에 해당하는 내용과 문제가 같이 있는 문제집을 택하는 것을 추천한다. 강의를 듣지 않더라도 어느 정도 뼈대를 세워야 하는데 다짜고짜 연도별로 된 기출문제를 풀다 보면 머릿속에서 비슷한 내용들이 섞여서 헷갈리고 공부시간이 더 오래 걸리게 될 수 있다. 최소한 기본이론 책을 선택할 때는, 단원별 구성이 되어있어서 나중에 문제들을 풀다가도 헷갈리면 설명을 찾아볼 수 있는 교재가 좋다.

기본이론을 한 번 회독하고 나서는 이제 역대 기출문제들을 계속 반복해서 풀어나간다.

물론 점수는 처참할 테다. 필자도 기본이론 책 한 번 회독한 것으로는 부족했던 것인지 기출문제가 거의 반타작해도 다행일 정도의 점수가 나왔다. 하지만 시험 직전까지 역대 기출을 계속해서 풀고 틀리고 오답 정리하기를 5번은 반복하니 1차 시험에서 결국 안정적인 점수가 나왔다.

2) 진행 과정: 가볍게 2차 준비하며, 1차에 집중하는 시기

(1) 의학이론

손해사정사 시험과목 중 의학이론은 단언컨대 이해보다 암기가 훨씬 중요한 과목이다. 실무와 관계없이 수험만 보면 암기가 전부라고 봐도 된다.

의학이론은 암기량이 많아서 한 번에 많은 부분을 암기하려 하다 보면 금세 잊어버리고 지치기 때문에 조금씩이라도 반복하여 공부하는 것이 좋다. 필자는 이사오면서 출퇴근 거리가 편도 45분 정도 걸리게 되자, 아침 출근 시간과 저녁 퇴근 시간에는 버스에서 항상 의학이론 암기에 몰두하였다. 다행히 이사를 간 곳이 시작점이어서 출근 시간에는 자리에 앉아갈 수 있어서 편하게 공부를 할 수 있었다. 퇴근 시간에는 소위 지옥 버스였기 때문에 거의 서서 갈 수밖에 없었는데 여기서 Tip을 주자면 핸드폰으로 사진을 찍은 걸 보는 것도 좋은 방법이다.

이 시기에 교재는 김윤아 강사님의 요약집을 보았으며 처음에는 요약집만으로 공부하는 것이 맞을까? 라는 의문이 들었으나 합격하고 보니 잘한 선택이었다.

의학이론 기본서를 보면 매우 두꺼운데, 초반에 강의를 들을 때만 기본서를 보았고 이후에는 요약집을 보았다. 필자는 처음 의학이론 기본서를 접하면서 교재가 너무 두껍고 내용도 많아 공부량이 무한대로 느껴져 이걸 어떻게 공부해야 할지 막막했었다. 다행히 어느 정도 강의를 듣다 보니 요약집이 있다는 걸 알게 되었고, 이후 기본서를 제쳐두고 요약집 위주로만 공부하였다. 요약집으로 공부를 하니 비록 의학이론 내용이 많기는 하나 계속 공부하면 될 것 같다는 생각이 들었다.

하여, 이 시기부터 시험까지 요약집만 반복해서 공부하였고, 의학이론 기본교재는 처음에 기초강의를 들을 때 본 이후에는 책장에 고이 두었다.

(2) 책임 근재

1차 시험에 집중해야 하는 시기였지만 간간이 책임 근재의 사례문제를 풀어보며 계산 공식을 문제에 적용해 봄으로써 감을 잃지 않으려 노력했다. 결국은 1차가 목표가 아니라 2차가 목표이므로, 1차 시험 직후 2차 공부에 바로 올인하려면 감을 잃지 않고 이어가는 게 중요했다.

책임 근재 보험약관 약술 파트의 경우 내용이 순수 암기를 요하다 보니 어차피 이 시기에는 열심히 외워도 나중에 다시 외워야 할 것 같았다. 이 때문에 대부분의 책임 근재 공부는 사례문제를 푸는 것에 주안점을 두었고 문제를 풀다 너무 지겨울 때 간간이 보험약관을 훑어보며 대강 흐름을 파악하는 데 그쳤다.

(3) 제3 보험

표준약관의 경우, 세부 내용까지 촘촘히 암기를 하기보다는 강사 교재를 편하게 읽으면서 전체 내용이 눈에 익숙해지도록 노력했다.

장해 파트의 경우, 이 시기에는 한 페이지로 정리한 장해율 표가 어느 정도 암기가 된 상태였고 이를 토대로 강사 교재의 장해 파트를 편하게 읽어나갔다. 장해율을 처음 암기할 때는 이걸 어떻게 외우지? 하는 막막함이 있었으나 반복해서 보다 보니 결국 외워졌다. 그러니 암기에 자신 없는 분이라도 너무 스트레스받지 말고 계속 반복해서 암기하기를 바란다.

실손보험 파트의 경우도, 세부 내용을 암기하기보다는 강사 교재에 있는 문제를 풀어나가면서 풀이 과정 중 틀리거나 놓치는 부분이 있으면 해당 부분에 관련되는 내용을 교재에서 찾아서 읽어보는 식으로 공부했다. 여기서 중요한 것은 강사가 문제를 푸는 것을 가만히 듣고만 있는 게 아니라 직접 머리를 싸매고 문제를 꼭 풀어보고, 혹 틀리면 왜 틀렸는지를 체크하는 작업을 해야 한다. 그래야 오래오래 기억에 남는다.

(4) 자동차보험

기본강의를 들으면서 교재에 있는 사례문제 연습을 계속해 나갔다. 여전히 사례문제 풀이 과정과 정답이 강사 모범 답안과 견주어 대부분 틀렸지만, 어떤 방향으로 문제를 풀어나가야 하는지에 대한 감이 생기기 시작했다. 더 많이 사례문제 연습을 했다면 좋을 테지만, 이 시기에는 1차 시험에 집중해야 했기 때문에 어려운 자동차보험에서 스트레스가 너무 커 사례 문제 풀이보다는 약술을 편하게 읽어나가는 공부를 했다.

4. 수험 후반: 2024. 5월~시험 직전

1) 개요

1차 시험 합격 발표가 나자 마음 한편에 있던 혹시 모를 불안함(마킹 실수, 밀려 쓰기 등)이 사라졌고 이번 연도에 떨어지더라도 내년에는 1차에 대한 걱정 없이 편하게 2차를 준비할 수 있다는 안도감이 들었다. 하지만 그렇다고 내년까지 공부하고 싶지는 않았기 때문에 올해 끝낸다는 마음가짐으로 1차 시험 다음날부터 박차를 가해 공부를 하였다.

이미 생활 패턴은 직장병행 습관에 길들어서 집-회사-카페 루틴을 반복하며 가열차게 공부하였다. 초반에는 스터디 카페에서만 공부하였으나 이 시기에는 평일은 일반 카페, 주말에는 스터디 카페에서 공부하며 장소를 바꾸어 주었다. 예전에 노무사를 공부할 때는 집 앞에 매우 쾌적한 스터디 카페가 있어서 애용하였지만 새로 이사 온 곳은 좀 작고 상태도 좋지 않으며 공기도 답답한 편이었다. 때마침 집 근처에 1인 자리로도 운영하는 일반 카페가 있어 애용하게 되었다.

시험 날짜가 7월 28일로 여름휴가 시즌이었기 때문에 회사에는 여름휴가를 다녀온다고 편하게 말할 수 있었다. 덕분에 4일이나 연차를 사용하여 마지막 정리를 하는 시간을 가질 수 있었다. 예전 노무사 시험 때는 중요한 업무가 있던 9월이다 보니 연차 사용이 여의치가 않아 겨우 2일밖에 사용할 수 없었는데 손해사정사는 다들 휴가를 가는 시기라 편하게 말할 수 있어 정말 다행이었다.

하지만 시험일인 일요일 전, 화~토 5일간 스터디 카페에 지내다 보니 시험 직전의 긴장감과 불안감을 오롯이 느껴야 했고 그 시간을 보내는 게 참 힘들었다. 문득 옛날 전업 수험생이었을 때의 힘들었던 기억도 떠올랐다.

직장병행인의 경우 회사에서 일에 집중하다 보면 시험에 대한 불안감에서 잠시나마 벗어날(?) 수 있으나, 전업 수험생은 하루 종일 책상에 앉아있어야 하니 시험 직전까지 그 불안감을 오롯이 받는 고충이 있다. 이런 걸 보면 직장병행이 마냥 단점만 있는 건 아니다. 떨어져도 돌아갈 곳이 있다는 점에서 조금은 마음 편하게 준비할 수 있다는 것이 직장병행인의 몇 안 되는 장점일 것이다.

시험 전날인 토요일 저녁 7시까지 스터디 카페에 있었고 시험 전 공부의 마무리를 하였다. 시험장이 서울밖에 없었고 필자가 사는 곳이 지방이다 보니 서울에 미리 잡아둔 숙소로 이동해야 했다. 생각보다 차가 많고 길을 헤매어 밤 11시가 되어서야 도착하였다. 숙소에서는 피곤해서 공부를 하지는 못하였고 내일 아침 일찍 마무리 공부를 하기 위해 바로 잠을 청하였다.

시험 당일, 긴장해서 잠이 안 올 줄 알았는데 너무 피곤했던 터인지 금방 잠에 들어 아침 6시쯤 일어났다. 대략 1시간 정도 적당히 떨면서 정말 마지막이 될 공부를 하였고 시험장으로 들어갔다.

들은 바로는 손해사정사 수험 판이 아직 젊은 사람들이 적다고 들었으나 실제로 가보니 젊은 사람도 많이 있었고 시험장 분위기도 매우 무거운 긴장감이 돌았다. 1차 시험 때의 시험장과는 달랐다. 특히 인상 깊은 것은 젊은 사람들보다 보험업계에 종사할 것 같은 나이 있으신 분들의 표정이 더욱 무거웠다. 아마 여러 번 도전하고 계신 것 같았다.

교실로 입실하여 앉아있는 동안 막간을 이용해 의학이론 핵심 요약집을 보며 점검하였고 곧 시험 감독관들이 들어왔다.

종이 울렸고 1교시 의학이론을 시작으로 중간 점심시간 1시간을 거쳐 마지막 교시인 자동차보험 이론을 끝으로 5시쯤 끝이 났다.

시험이 끝난 후 소감은 '이보다는 잘 쓸 수 없을 것이다, 이 정도면 합격하겠다'라는 자신감이 들었다. 문제 유형이 기존 기출과 다르게 나와 당황하기는 했으나 다른 수험생들도 마찬가지일 것이고 특히 의학이론에서 고득점이 예상되었기 때문에 나름의 안도감이 들었다. (하지만 막상 결과는 82점으로 엄청난 고득점은 아니고 평범한 고득점이었다.)

노무사 시험 직후에도 노동경제학에서 불의타 문제가 나와 당황하기는 했지만 '이 정도면 합격하겠다'라는 생각이 들었었는데, 손해사정사 시험에서도 그때와 비슷한 감정이 들자 나름대로 편안한 마음으로 시험장을 나설 수 있었다.

물론 100% 합격하겠다는 오만한 자신감이 있었던 건 아니다. 아주 못 본 수준은 아니고 적당히 잘 봤다는 생각이 들었고 어차피 결과 발표까지 기간이 많이 남았으니 마음 편하게 먹고 푹 쉬고 싶은 마음에 자신감 넘치는 '척'하려고 최면했던 것 같기도 하다.

2) 진행 과정: 암기, 암기 또 암기

(1) 의학이론

수험 중반 시기와 동일하게 출퇴근 시간은 의학이론 공부시간이었고 버스는 공부장소였다. 사람이 많든 적든 업무로 피곤하든 안 하든 시험이 얼마 안 남았기 때문에 출퇴근 동안은 무조건 김윤아 강사님의 핵심 요약집을 암기하였다.

이 당시에 핵심 요약집의 거의 모든 파트에 대한 암기가 거의 완료되었다. 요약집 같은 교재를 보시면 언뜻 보기에 간략하게 단어 나열식으로 구성되어 있어서 암기가 쉽다고 생각될 수도 있다. 그러나 요약집에 기재된 단어 하나하나가 매우 중요하므로 그 단어들을 놓치지 말고 세세하게 암기해야 하므로 암기 난이도가 높은 편이다.

즉, 핵심 요약집은 두꺼운 기본이론 교재 중 정말 중요한 핵심 내용을 단어로 집약하여 나열한 것이기 때문에 대충 넘기지 말고 확실하게 외워둬야 한다. 역대 의학이론 기출문제들을 봐도 알 수 있지만, 필자가 쳤던 2024년 시험에도 핵심 요약집에서 가볍게 넘어갔을 부분을 정확하게 물어보는 문제가 출제되었다. (예: 장딴지근)

핵심 요약집을 촘촘하게 암기하기 위해서 정말로 잘 활용해야 하는 것은 '두문자' 공부법이다. 필자도 핵심 요약집에 나오는 특정 상해의 합병증, 질병의 주요 증상 등에 대해 거의 모두 두문자를 따서 암기하였다. 첫 시험이다 보니 이렇게 공부하는 게 맞나 싶은 반신반의하는 마음이 있었으나, 실제 시험에서 결과가 괜찮게 나왔으니 적절한 공부 방법이었다고 생각한다.

모의고사는 거의 모든 학원강사님의 것을 구해서 풀어보았고, 강사님마다 스타일이 다양하였다. 계속 공부해 오던 김윤아 강사님 스타일에 길들다 보니 타 강사 모의고사에 풀기 어려운 문제도 많았지만 대체로 60~70%는 맞추었다. 의학이론은 범위가 넓혀지려면 무한대로 넓혀지기 때문에 반드시 강사들의 기출 예상 문제집인 모의고사를 많이 풀 것을 권장한다.

(2) 책임 근재

김태윤 강사님의 기본이론 교재를 참고하면서 약술 사례 문제집을 계속 반복 회독하였다. 사례문제는 3회 이상 반복해서 풀었고, 약술은 배상책임보험 약관들의 주요 내용들을, 목차를 중심으로 암기하였다.

앞에서도 말했지만 책임 근재는 다른 과목에 비해서는 정형화된 과목이다 보니 법학 과목 공부와 비슷한 부분이 많아 사례 문제 풀이와 약술 암기를 할수록 자신감이 생겼고 시험 직전까지 불안감은 크게 없었다.

공부시간이 없었기 때문에 모의고사도 다른 과목보다는 많이 풀지 않았고 한 강사 것만 집중적으로 반복하여 사례문제 풀이 방법(공식)을 숙달시키는 데 집중했다. 즉, 책임 근재에서는 사례문제를 많이 푸는 것도 좋지만 한 강사의 기본이론서, 문제집, 모의고사만으로도 충분하다고 생각한다.

(3) 제3 보험

윤금옥 강사님의 기본이론 교재를 항시 참고하면서도 문제집을 반복 회독하였다.

표준약관 파트의 경우 지급일 계산, 계약 해지 가능 기간 등과 같이 약관에 대한 지식을 토대로 약간의 계산을 필요로 하기는 했지만, 기본적으로 약술형에 가까웠기 때문에 약관을 있는 그대로 암기하려는 데 주력하였다.

장해율 파트의 경우 장해율 표는 이미 암기가 완료되었고, 기본이론 교재에서 신체 부위별 세부 장해율과 장해 판단기준에 대해 반복 회독하였다. 시험 직전에는 대부분 암기가 되어 웬만한 장해율 계산 문제가 나오더라도 자신감이 있었다. (그런데 필자가 친 2024년 시험에서는 장해율 계산이 정말 쉽게 출제되어 어찌 보면 많은 시간을 투입하여 공부한 것이 큰 도움은 되지 않았다. 하지만 출제 기조가 갑자기 바뀌었다고 해서 다음 출제 방향을 예상할 수는 없으니 장해율 암기와 계산 공부는 필수적이라 생각한다.)

실손보험 파트의 경우 보험금 계산 문제를 풀면서 문제와 관련된 면책사유, 약술들을 암기하였다. 다른 학원강사들의 모의고사도 많이 풀었지만, 표준약관과 장해율 문제는 대강 보고, 실손 사례 문제

푸는 것에 집중하였다. 실손 사례는 많이 풀수록 실력이 늘어나는 게 체감되었다.

특히 실손보험 사례문제를 답안지에 작성했을 때 모범 답안과 비교해 보면 필자의 답안이 매우 부실하게 느껴졌으나(보상한도 표시 누락, 질병 · 상해 보험 비구분 등) 답안작성 연습을 계속하다 보니 모범 답안처럼 깔끔하게, 그러면서도 신속하게 작성이 되었다. '돌다리도 두드리고 가라'라는 말처럼 깔끔하게 작성하는 게 오히려 면책사유, 보상한도액 등을 누락하지 않으면서 답의 정확도도 높일 수 있으니 유의하기를 바란다.

(4) 자동차보험

박세원 강사님의 기본이론 교재는 비록 두께는 얇지만, 많은 내용이 압축되어 있어서 추천한다. 필자를 포함해 대부분 수험생에게 자동차보험 과목은 낯선 과목이다. 두꺼운 교재로 양을 늘려서 감당되지 않아 제풀에 지쳐 나가떨어지는 것보다는 적당히 얇은 교재를 택해 내 것으로 만드는 것이 평범한 지능의 사람에게는 좋은 전략이라 생각한다.

이 시기에 점심시간은 항상 자동차보험 기본교재를 보는 시간으로 정하였고, 점심시간만 합해도 시험 직전까지 10번은 회독한 것 같다. 10번 정도 회독하니 자동차보험 이론 과목이 조금은 친숙해졌고 사례문제 풀 때에도 점점 실력이 늘어감이 체감되었다. 강사님이 강의 초반에 했던 말처럼 시험 한 달 전인 6월쯤 되자 사례문제에서 적어야 할 보험 종류와 약술 주제들을 빼먹지는 않을 실력은 갖추어졌다는 게 느껴졌다.

6월 전까지는 사례문제 풀이에 자동차보험 공부시간의 80%를 투입했고, 6월부터는 기본교재의 약술들을 자세하게 암기하는 데 공부시간의 80%를 투입하였다. 간간이 지루할 때만 사례문제를 푸는 식으로 공부하고 약술 암기의 완성도를 높이는 데 집중하였다.

앞서도 말했지만, 자동차보험은 각 주제별로 핵심 키워드가 되는 내용이 있어서 그 핵심 키워드를 간단하게라도 적시하느냐 안 하느냐에 따라 점수가 달라진다. (노무사의 행정쟁송법과 비슷하다) 이 때문에 타 과목에 비해서 목차 중요성이 매우 크므로 목차 암기가 중요하다.

하지만 필자는 당시 시간 없는 직장병행인일 뿐 아니라 자동차보험 과목 자체도 생소하다 보니 전체 내용을 익히는 것만으로도 시간이 부족하였고, 노무사 공부처럼 목차를 잡고 암기하는 공부는 하지 못하였다. 또한 시험 직전에 가서야 그것을 여실히 깨달았다.

아마 이 부분에서 고득점이 나오지 못한 원인이 아닐까? 생각하니 다소 아쉬움이 남았다. 그래도 강사들이나 수험생들이 자주 하는 말인, '손해사정사 시험에서는 다른 과목에서 점수를 벌고 자동차보험 과목은 보통 40점 과락만 면하면 된다'를 생각하면 필자는 나름 만족할 만한 점수가 나왔다고 생각한다.

5. 결과: 시간 없는 직장병행, 효율적인 결과

의학이론의 경우 100점일 수도 있지 않을까? 하는 기대를 했다.

결과는 고득점이기는 하나 기대보다는 훨씬 적게 나왔다. (82점)

책임 근재의 경우 그나마 다른 과목에 비해서는 공부가 수월했던 터라 기대했지만, 그 기대에 미치지 못했다. (58점)

자동차보험의 경우 처음 공부할 때부터 어려웠고 시험장 들어가기 직전까지도 불안함이 제일 컸었다. 불안함을 최대한 떨치기 위해 상당히 열심히 공부했다는 생각이 드는 과목이었고 덕분에 시험 직전에는 사례문제도 괜찮게 풀리고 교재의 약술 주제들도 대부분 암기가 되었던 상황이었다. 결과는 공부한 것보다 점수가 낮게 나왔다고 생각하지만 '과락 면하기도 어렵다는' 세간의 얘기를 생각하면 다행인 점수였다. (53.7점)

제3 보험의 경우 공부를 가장 많이 한 과목이었기에 최소 60점은 당연히 넘을 줄 알았으나 금년도 출제 스타일이 급격하게 변형된 탓인지 공부가 부족했던 탓인지는 모르나 매우 저조한 점수가 나왔다. (48.67점)

시험을 치고 시험장을 나오면서 생각했던 기대 점수는 아니어서 조금 당황스럽기는 했으나 아쉽지는 않았다. 커트 라인인 58.5점이든 70점이든 합격했으면 합격자라는 건 똑같으니까 말이다.

6. 결어: 노무사 수험의 시행착오, 그 덕분에 합격하다

2023년 10월에 손해사정사 시험을 치기로 마음먹은 이후 그다음 해 7월 28일 시험까지 10개월 동안 집-회사-카페를 순환하며 매일 공부를 했다. 물론 중간중간 회식, 야근, 가족여행 등 사회생활을 하다 보면 어쩔 수 없는 일들이 있었지만 그럼에도 확보할 수 있는 시간 동안은 최대로 효율적으로 공부를 했다고 생각한다.

노무사 공부를 했을 때는 전근도 여러 번 가고, 공부하다가 중도하차도 여러 번 하고 등등 공부에 오롯이 매진하지 못했고, 선택과목도 중간에 바꾸기도 하는 등 공부 방법도 갈팡질팡하는 시행착오도 겪었다.

그러한 시행착오의 경험들 덕분에 손해사정사 공부 때에는 빠르게 확실하게 공부를 진행해서 한 번에 단기간 내 합격했다고 생각한다.

아주 고득점 합격은 아닌 평범한 합격이지만 필자는 천재가 아니므로 시간 없는 직장병행인으로서 한정된 시간 내에서 합격선을 잘 타게팅해서 맞추었고 성공했다고 본다.

제13부

스텝 바이 스텝,
공인노무사를 취득해 보자

1. 노동법

1) 노동법 과목이란?

노무사 수험공부에서 가장 핵심이 되고 실무에서도 가장 많이 사용되는 과목으로 수험생은 역점을 두고 공부해야 하는 과목이다. 노동법은 크게 개별 근로관계에 관한 노동법 1과 집단적 노사관계에 관한 노동법 2로 구분된다.

노동법 1은 내용들이 좀 더 구체적이고 단조로운 반면, 노동법 2는 다소 추상적이고 복합적인 내용들로 구성되어 각각 장단점을 가지고 있다.

노동법 강의의 경우 현재 자신이 노동법에 대해 완전 노 베이스라면 0기부터 들어도 되나, 법학에 어느 정도 자신이 있다면 2기, 3기만 듣는 것을 추천한다. 모든 순환 강의를 듣는 것은 자신감도 향상되고 실력에 도움이 될 수 있으나, 직장병행인은 시간이 없으므로 0

기, 1기보다는 난이도가 높고 실전 문제도 조금 다루어 보는 2기를 들으면서 베이스 잡기를 추천한다. 그와 함께 자신이 주로 읽을 교재를 택하여(필자는 이수진 강사님의 쟁점 노트) 강의를 보조적으로 들으면서 교재를 탐독하는 전략을 택해야 한다.

(다만 수기에서 적었듯 강의를 건너뛰며 듣게 되면 기본적이지만 중요한 내용들을 놓치게 되는 문제가 생길 수 있으므로 시간적 여유가 많다면 모두 듣기를 권유한다.)

다른 과목들도 모의고사 답안작성이 중요하겠으나 노동법만큼은 정말로 많은 답안지 작성이 필요하다. 2차 시험 5개월 전쯤부터 시험 직전까지 다른 과목은 몰라도 노동법은 약 100문제 정도는 완성된 답안으로 현출하는 연습을 한다고 보면 된다.

2) 추천하는 교재 구성

① 사례 문제집(필자는 이수진 강사님 케이스 노동법 72제)

② 두꺼운 기본서보다는 쟁점별로 잘 정리된 교재(필자는 이수진 강사님 노동법 쟁점 노트)

③ 당해연도 타 학원 모의고사 전부

3) 공부내용: 툭 치면 줄줄 나올 정도로 판례 암기가 되어야

필자는 노무사 수험을 돌이켜보면 60%는 노동법 공부였던 것 같다는 생각이 든다. 그러한 노동법 수험과정을 요약하면 이수진 강사님 쟁점 노트의 무한 회독, 주요 판례들의 촘촘한 암기로 정리할 수 있다.

시험 직전까지 교재의 쟁점별 목차와 그 목차마다 있는 주요 판례들의 두문자를 암기하여 현출하는 연습을 무한대로 했다. 특히 판례 암기 시에는 별도로 만든 '목차 수첩'을 보며 교재 전체 내용 중 어디 위치에 판례들이 적시되어 있는지 염두에 두며 공부하였다.

이런 작업 덕분에 노동법 시험 후 현출한 답안은 웬만한 강사들 답보다는 훨씬 나았고 이수진 강사님의 모범 답안과 비슷했다.

다만, 앞서 말했듯이 강의를 많이 듣지 않은 탓에 기본적이고 중요한 내용들을 미처 공부하지 못하고 누락한 부분이 있어 시험장에서 틀린 적이 있었다. (노동법 저성과자 징계해고, 노동경제학 지니계수 문제 등)

그렇기에 이제 수험을 시작하여 아직 시간적 여유가 있는 수험생이라면 순환 강의를 한 번은 다 따라가며 듣기를 권장한다. 그래야 방대한 수험 내용 중 어느 부분이 중요하고 반드시 외워야 하는지, 어느 부분은 별로 안 중요해서 살짝 보고 가도 되는지 등을 훨씬 쉽게 파악할 수 있다.

4) 단계별 공부 방법

(1) 스텝 1

노동법 0~2 순환 강의 중 본인의 상황에 맞게 수강한다. 상황이란 본인의 법학 소양, 기본 노동법 지식 등 베이스를 말하며 예를 들어 타 시험준비를 통해 노동법이 어느 정도 익숙하다고 생각하면 2 순환부터 듣는 것도 가능은 하다. 다만 전혀 문외한이라 자신 없다면 0

이나 1 순환으로 시작하는 걸 추천한다. 이때, 교재는 두꺼운 교수저 책을 보는 것보다는 강사저 교재를 보는 것이 낫다.

(2) 스텝 2

노동법 쟁점 노트와 같은 요약집을 계속 회독한다. 특히 교재의 목차를 정리한 수첩을 반드시 만들고 교재의 쟁점들이 전체 내용 중 어디에 위치했는지 항상 생각하며 회독한다.

(3) 스텝 3

쟁점 노트의 주요한(거의 모든) 판례의 두문자를 따고, 직접 만든 목차 수첩에 판례 두문자를 쟁점의 목차마다 기재하고 항상 수첩을 들고 다니며 암기한다.

(4) 스텝 4

쟁점 노트를 회독하며 노동법의 주요 쟁점들이 어느 정도 친숙해져서 이해된다 싶으면, 케이스 노동법과 같은 사례 문제집을 구해서 푼다.

여기서 '푼다'의 의미는 목차 잡는 연습을 말한다. 전체 내용작성은 아직은 무리이고 시간만 많이 들고 완성도는 떨어져 시간 없는 직장병행인에게는 비효율적이다.

목차만 잡더라도 문제를 풀다 보면 쟁점 노트를 통해 암기했던 내용이 어떻게 실전에서 사용되는지를 확인할 수 있어서 암기가 더 잘 되고, 목차뿐이지만 모범 답안의 목차와 비슷하게 작성하면 자신감도 생긴다.

이런 연습을 하는 와중에 틈틈이 그동안 암기한 판례 두문자를 현출하는 연습도 꾸준히 해본다.

(5) 스텝 5

스텝 4처럼 쟁점 노트의 목차 잡기 연습과 주요 판례 두문자 현출 연습을 하면서, 회독을 반복적으로 계속한다. 이와 함께 최근 모의고사를 구하여 이제는 완성된 답안작성 연습을 한다.

(6) 스텝 6

시험 직전까지 스텝 5를 반복해 나가되, 시험 직전쯤 학원가에서 나오는 최신판례 강의는 반드시 수강해야 한다. 시험에서는 최신판례가 상당히 많이 나오는 경우가 있어서 정말 중요하며 역시나 최신판례도 두문자를 따며 추가로 암기해야 한다.

2. 인사노무관리

1) 인사노무관리 과목이란?

인사노무관리는 공무원 시험의 행정학처럼 범위가 정해져 있지 않아 언제든 불의타가 나올 위험이 있는 과목이고 법학처럼 정형화된 답안을 미리 준비하기 어렵다.

필자도 1, 2차 도전 당시 인사노무관리를 만만하게 보았다가 쓴맛을 보았고 3차 도전에 이르러서야 어떻게 인사노무관리를 공부해야 하는지 깨닫고 합격을 할 수 있었다.

이하에서는 그런 경험에 기반해서 인사노무관리 공부법을 설명하겠다.

교재 선택의 중요성은 모든 과목이 해당하지만, 특히 인사노무관리는 정말 중요하다. 교재가 너무 두꺼우면 양이 지나치게 많아지고 내용 중 수험 적합도가 떨어지는 부분이 있어, 오히려 불의타 준비하려 하다가 주요 내용을 소홀히 하게 되는 문제가 생길 수 있다.

물론 전업 수험생이어서 시간이 많다면 기초부터 쌓는다는 마음가짐으로 두꺼운 교재로 가볍게 읽어보며 시작해도 되나, 직장병행인은 시간이 없으므로 압축된 수험서 선정이 필요하다.

따라서 적당한 두께의 강사저 교재를 택함으로써 수험 범위를 한정하고, 그 한정된 범위를 반복하며 내 것으로 만들되, 대신 모의고사들을 통해 범위를 넓혀 나가는 전략이 좋다. 인사노무관리가 양이 방대하다고는 하나 인사노무관리의 '뼈대'를 정리하면 웬만한 불의타가 나와도 어느 정도 대응할 수 있다.

여기서 '뼈대'라 함은 대부분 강사님마다 통일되게 설명하고 실제 인사노무관리에서도 중요한 개념인 확보, 개발, 평가, 보수, 유지, 방출을 말한다.

1, 2차 도전 당시 그러한 '뼈대'의 정리를 하지 않았고 대강 인사기법과 용어들을 단편적으로 암기하는 공부를 하였다가 실패를 했다.

3차 도전 때에는 항상 '뼈대'를 머릿속에서 염두에 두며 공부하였고, 시험 직전에 이르러 필자의 공부 정도는 확보, 개발, 평가, 보수, 유지, 방출이라는 '뼈대'를 세우고 그 안에 구체적인 인사기법들이라는 '살'을 채워 넣어 '한 권의 책을 쓸 수 있겠다'라는 느낌이 들었다. (한번은 필자가 친구에게 간략하게 인사노무관리의 전체적인 내용에 대해 말로 정리하자 듣던 친구가 합격할 거 같다고 평가한 적이 있다.)

1, 2차 도전을 하며 2년 넘게 인사노무관리 점수가 잘 나오지 않아 그저 운이 작용하는 과목으로 치부했었다. 하지만 마지막 도전 때 공부 방법을 깨닫고 많은 시간을 할애하여 공부해 보니, 인사노무관리 역시 공부한 만큼 결과가 나오는 과목이었다. '한 권의 책을 쓸 수 있는' 정도의 느낌이 오면 고득점은 몰라도 최소한 합격에 지장은 가지 않을 것으로 생각한다.

2) 추천하는 교재 구성

① 자세한 내용이 궁금할 때마다 찾아보기 위한 두꺼운 기본서(필자는 김유미, 최중락 강사님 기본서 교재 둘 다)

② 회독하며 주로 읽게 될 수험 적합한 가벼운 교재(필자는 김유미 강사님의 인사 목차 키워드), 타 학원 모의고사 거의 전부

3) 공부 방향: 인사의 '뼈대'를 세우고 '살'을 붙여가자

1, 2차 도전 때는 단순하게 교재를 회독하면서 주요 용어와 개념을 대강 암기하였고 공부 시간 투입량도 적었다. 결과도 좋지 않았기

때문에 여기서는 공부를 열심히 한 3차 도전 때 공부내용을 위주로 적겠다.

3차 도전 때는 서브 노트와 강사저 교재를 토대로 인사노무관리의 주요 카테고리(확보, 개발, 평가, 보수, 유지, 방출)를 '뼈대'로 세우고 각 카테고리의 주요 기법과 세부 기법들이라는 '살'들을 붙여가며 암기와 현출을 계속 반복하였다.

모의고사의 경우 논술 시험 특성상 답안지 연습을 하는 것이 분명히 중요하나, 현실적으로 직장병행인에게는 공부시간이 부족했기 때문에 기승전결이 완벽한 답안지 작성 연습은 하지 않았다. 대신 핵심 주제와 인사기법에 대해 서술형으로 8~10줄 정도 써보는 연습을 많이 하였다.

이를 통해 전체 답안작성 능력은 다소 떨어질 수 있으나 인사노무관리의 많은 주제들에 대해 한 번씩이라도 서술해 보고 정리해 보는 기회를 가질 수 있었다. 시간적 여유가 더 많았다면 세밀하게 답안을 써보는 연습도 병행하여 더 높은 점수를 받을 수 있었겠으나 합격이 목표였기에 최대 효율을 생각하며 아슬아슬한 선에서 타협을 보았다.

4) 단계별 공부 방법

(1) 스텝 1

인사노무관리는 범위가 넓어서 강사님들의 강의를 통해 범위를 좁힐 필요가 있다. 0~2 순환 강의 중 본인의 상황에 맞게 수강하며 그와 동시에 교재를 편하게 읽어나가자.

인사노무관리의 경우 노동법의 주요 판례 암기보다는 암기 난이도의 강도가 적으나, 대신 범위가 넓다 보니 최대한 많은 양의 암기가 필요하다. 따라서 이 시기에는 머리를 싸매며 암기하기보다는 전체적인 내용을 넓게 다루어 어떤 내용들이 있는지 훑어보는 것이 중요하므로 편하게 교재를 읽으면서 강의도 많이 들어보는 걸 추천한다.

(2) 스텝 2

먼저 인사노무관리 서브 노트를 만들자. 서브 노트란, 인사노무관리를 확보, 개발, 평가, 보유, 유지, 방출이라는 대목차, 즉 '뼈대'를 중심으로 구분해 놓고, 그 안에 구체적인 인사기법이라는 '살'들을 넣어 만든다. 또한 기법들에 대해서 두문자도 따서 각 목차 안에 정리한다. 그렇게 만들어진 서브 노트는 항상 들고 다니거나 책상에 두고 자주 읽어서 내용이 익숙해지도록 하자.

(3) 스텝 3

서브 노트를 중심으로 암기하고 회독하되, 어느 정도 암기가 되면 이틀에 한 번은 전체 내용을 전방향적으로 훑는 연습을 한다. 방법은 먼저 인사노무관리의 '뼈대'를 적고 그 안에 '살'을 두문자로 채워 넣는다.

필자는 초반에는 그러한 작업을 완성하는 데 1시간은 걸렸지만 숙달되니 15분이면 전체적인 작성이 가능했다. 그 정도 수준에 이르면 앞서 말했던 인사노무관리를 '한 권의 책을 만들 수 있는' 자신감이 생기고, 대부분 주제에 대해 작성이 가능해진다. 또한 불의타가 나와도 아는 내용을 이용해서 비벼 쓸 준비가 된다.

(4) 스텝 4

인사노무관리 내용이 어느 정도 숙달되었으니, 이제 다양한 강사저 모의고사를 구해서 범위를 넓혀가야 한다. 여기서 숙달된 상태란 스텝 3에서 말한 전체 틀을 정리하는 작업이 15분 내외로 완성되고, 서브 노트를 보면 교재의 어느 부분에 그 내용이 있는지 연상되면서 해당 페이지를 쉽게 찾을 수 있어야 하는 상태이다.

수험을 이제 시작하는 사람은 매우 어려워 보일 수 있겠지만, 수험을 이미 어느 정도 한 사람은 이 정도는 당연하게 느껴질 것이다. (필자 주변의 인물들이 술자리에서 서로서로 본인들이 학창 시절, 구직 시절 공부 경험을 얘기하면서 교재의 어느 페이지에 뭐가 있는지, 다 기억날 정도로 공부했다며 공부 구력을 자랑했었던 적이 있는데, 그 인물들 모두 고학벌은 아닌 평범한 사람들이었다. 그만큼 학력과 상관없이 공부를 정말 열심히 하면 페이지 연상은 누구나 할 수 있다.)

3. 행정쟁송법

1) 행정쟁송법 과목이란?

행정쟁송법의 공부량 자체는 노동법, 인사노무관리에 비해 적은 편이다. 필자가 과거에 행정고시 공부로 행정법 경험이 있어서 행정쟁송법이 다소 쉬었던 것으로 생각할 수도 있으나 노동법 쟁점 노트 기준으로 주제가 150개이고, 인사노무관리는 범위가 없다시피 한 반면, 행정쟁송법은 약 6~70개 정도이니 상대적으로 범위가 적은 편이라고 생각한다.

하지만 내용의 난이도 측면에서 보면 노동법이나 인사노무관리보다 어렵다고 할 수 있다.

행정법에서 사용되는 법률 용어나 개념은 일상에서 들어보지 못했던 친숙하지 않은 것이 많았고, 개념 정리가 되더라도 학설에 관한 공부도 필요하고 학설에 따라 결론이 다르게 내려지다 보니 타 과목보다 이해에 더 많은 노력이 필요하다.

2) 추천하는 교재 구성

① 두껍지 않은 강사저 교재(필자는 정선균 노동행정 핸드북)

② 다양한 학원 강사저 모의고사

3) 공부 방향: '목차'는 철저히 암기, '판례'는 가볍게 암기

필자는 시간이 없었기 때문에 '점심시간에는 행정쟁송법만 공부한다'라는 방침을 정하였고, 이를 고수하고자 정말 노력했다. 여러 유혹을 뿌리치며 점심시간을 활용하여 시험 직전까지 정선균 강사님의 핸드북 회독을 하였다. 그러면서도 2차 도전 실패 후 행정쟁송법 모의고사의 중요성을 깨달았기에 3차 도전 때는 작년, 금년 모의고사를 구해 문제를 읽고 공부를 하였다.

모의고사의 경우 인사노무관리와 마찬가지로 기승전결이 완벽한 논술형 답안작성 연습은 거의 하지 않고 쟁점별로 서술형 답안작성 연습을 하는 한편, 추가로 노동법처럼 목차 작성 연습을 하였다.

행정쟁송법은 시험을 칠 때 설사 답안 내용이 부실하더라도 반드시 적시해야 하는 내용은 빠짐없이 작성해야 좋다고 생각한다. 필자 개인적인 의견일 수 있으나, 행정쟁송법은 문제가 묻는 걸 빼먹으면 아무리 길게 열심히 썼어도 점수가 나가지 않고, 문제가 묻는 걸 간단하게라도 작성만 하면 점수가 나가는 경향이 있다고 생각한다.

그래서 필자는 시험에서 어떤 주제가 나오든 그 주제와 관련된 핵심 내용을 꼭 쓰기 위해 정선균 강사님의 핸드북 목차를 그대로 모두 외운다는 마음가짐으로 목차를 암기하는 연습을 정말 많이 하였다.

4) 단계별 공부 방법

(1) 스텝 1

필자는 행정쟁송법 강의는 듣지 않고 정선균 강사님의 노동행정쟁송법 핸드북을 무한 회독하며 뼈대와 살을 잡았고, 이후 많은 모의고사를 통해 부족한 부분을 채워나갔다.

하지만 앞서 말했듯이 행정쟁송법은 개념이나 쟁점이 선뜻 이해되기 힘든 과목이므로 처음 공부하는 분이라면 강의를 들을 필요가 있다. 그러니 강의를 들으며 행정법의 기초 개념과 쟁점, 학설들을 훑으며 '이런 내용들로 구성되는구나!' 하며 행정쟁송법에 대한 감을 키우는 걸 목표로 공부한다.

(2) 스텝 2

행정쟁송법의 기초적인 개념과 용어가 숙지되고 어떤 쟁점들이 있는지 대강 익혀지면 정선균 강사님의 노동행정쟁송법과 같이 그리 두껍지 않은 수험서를 중심으로 회독한다.

인사노무관리 과목에서 교재를 선택할 때와 마찬가지로, 두꺼운 책으로 넓은 범위를 공부하다 보면 정작 중요한 내용을 놓치기 쉽기 때문에 독이 될 수도 있다. 특히 시간 없는 직장병행인에게는 합격 가능성을 높이기보다 오히려 시간이 허비될 수 있다.

행정쟁송법은 노동법만큼 판례의 꼼꼼한 암기가 필요하지 않지만 그래도 법학 논술형 시험인 이상 판례는 중요하므로 대략적으로 외워야 한다.

여기서 '대략적으로 외운다'라는 것은 노동법처럼 판례의 내용 전부를 두문자로 따서 문장 구성 순서까지 현출해낼 정도가 아니라 스스로 이해하여 자신만의 언어로 구사할 수 있는 정도를 의미한다.

이와 함께 앞서 말했듯 행정쟁송법 시험은 문제에서 묻는 핵심 내용을 가볍게라도 답안에 적시를 해야만 점수가 나오므로, 쟁점별로 목차를 꼼꼼히 보고 눈에 익혀놓아야 한다.

목차의 경우 의도적인 암기가 필요할 수도 있으나, 내용들은 굳이 의도적으로 노력 안 하더라도 시험 직전까지 수십 번 회독하다 보면 자연스럽게 대부분 암기가 될 것이다. 다시 말해 목차가 암기될 정도로 회독을 많이 하는 걸 목표로 한다.

(3) 스텝 3

핸드북의 모든 쟁점에 대한 개념, 학설, 판례까지 정리가 되면, 시험 직전까지는 그 완성도를 높이는 작업을 해야 한다. 이 작업에는 금년도는 필수이고, 시간적 여유가 된다면 전년도까지의 강사저 모의고사가 필요하다. 특히 모의고사들에서 중복되어 자주 나오는 쟁점들은 더 집중해서 공부하고, 중복되지 않더라도 중요해 보이는 쟁점도 눈여겨 공부한다.

답안지 작성 연습은 노동법과 달리 완성된 논술형 답안 형식이 아니라 서술형 답안 형식으로 최대한 많은 쟁점의 '개념, 학설, 판례, 검토'를 기계적으로 반복하여 작성해 보는 연습이 중요하다.

(4) 스텝 4

시험 직전까지 계속 반복해서 교재를 암기하되, 스텝 3의 기계적인 답안작성 연습을 반복해야 한다. 핸드북을 회독한 수만 놓고 보면 노동법 목차 수첩 회독 수, 이상을 하였고, 합격한 후 핸드북은 헤지다 못해 너덜거렸다.

그만큼 필자는 두꺼운 책으로 공부 범위를 무작정 늘리기보다는, 그리 양이 많지 않지만 중요한 건 다 들어 있는 핸드북 정도 두께의 책을 숙달하는 것을 목표로 했다.

시험 직전에 이르러서는 행정쟁송법의 거의 모든 쟁점에 대해 목차는 확실히 잡을 수 있었고, 각 목차 안에 들어가야 할 내용을 간단하게라도 작성할 수 있었으며, 각 쟁점 관련 판례들에 대해 어떤 내용인지 나만의 언어로 대략적인 작성을 할 수 있는 수준이었다.

4. 노동경제학

1) 노동경제학 과목이란?

노동경제학은 대학교 경제학과 출신이든, 공기업이나 공무원 준비를 했든 기본적으로 경제학을 접했던 사람들이 많이 유리하고, 실제로 그런 사람들이 많이 치는 과목이다. 그럼에도 필자는 직장병행인이라면 선택과목으로 노동경제학을 강력하게 추천한다. 앞서도 말했지만, 노동경제학같이 수리적 사고를 요하는 과목은 어느 정도 궤도에 오르면 시험 직전에는 거의 공부를 하지 않아도 되기 때문에 시간 없는 직장병행인에게는 큰 도움이 되는 과목이다.

필자도 예전 행정고시 수험 때 공부했던 미 · 거시경제학 지식은 대부분 휘발되었지만, 경제학원론 정도의 감은 남아있어서 노동경제학을 택하였고 결과적으로 나머지 3과목에 공부시간을 더 할애할 수 있어 큰 도움이 되었다.

생각건대 경제학 자체를 처음 공부하는 사람이 노동경제학을 선택한다면 경제학원론을 가볍게라도 공부하여 기초 소양을 형성한 후 본격적인 공부를 할 필요가 있다고 생각한다.

시중의 경제학원론 교수저 책을 한두 번 정도만 눈으로 읽어보는 정도로도 충분하며 암기하고 반복하며 탐독하라는 의미는 아니다. 경제학원론 공부를 통해 경제학의 흐름을 알면 노동경제학에 접근하기가 훨씬 쉬울 것이다.

또한 노동경제학 공부를 수월하게 하는 것 외에도 2022년 때의 불의타 문제들을 보면 경제학원론 수준의 소양은 있어야 순간적으로 응용하여 어느 정도 대응이 가능하기도 했다.

노동경제학은 수험 초반에 이론과 공식을 이해하고 암기하는 것이 어렵지, 수험 후반에는 거의 공부를 안 해도 문제를 푸는 데 지장없을 정도로 효자 과목이다. 물론 경영조직학을 선택과목으로 하면 인사노무관리와 시너지 효과를 기대할 수 있고, 민사소송법을 선택하면 합격 후 실무에 도움이 될 수 있는 각각의 장점이 있다.

하지만 공부시간이 부족한 직장병행인에게는 최대한 공부시간을 줄일 수 있는 노동경제학이 효율성 측면에서 가장 적합한 선택과목이라 생각한다.

3) 공부 방향: 기초이론 정리 후 문제를 풀고 또 풀기

노동경제학 공부는 간단히 요약해서, 경제학원론 1~2 회독 정도 눈으로 읽으며 공부한 후, 강사저 기본서를 2~3번 회독하고 나서, 문제집을 3회 정도 풀면 노동경제학의 시험준비는 어느 정도 완성된다.

필자도 김우탁 강사님의 기본서를 두 번 정도 읽은 후 문제집인 노동경제학 120제를 정말 수없이 회독하고 직접 손으로 작성해 보며 많이 풀었다.

현재 김우탁 강사님이 수험강의를 안 하시기도 하고 수험 책도 업데이트가 되지 않아 추천하기는 어려운 부분이 있으나, 타 강사님들

교재를 택하더라도 노동경제학 공부 방법이 달라질 건 없다고 본다.

경제학은 법학보다는 수학에 가까우므로 공식을 외운 후 반복해서 문제에 적용하고 응용하며 풀이 과정을 체화시키는 게 중요하다. 책만 읽고 강의를 듣는다고 실력이 느는 것이 아니니 귀찮더라도 실전처럼 문제를 풀어나가는 연습을 해야 한다.

4) 단계별 공부 방법

(1) 스텝 1

경제학원론 교재를 1~2 회독하며 경제학 기초 훈련을 한다. 1차 과목으로 경제학을 택하여 병행하면 도움이 된다.

(2) 스텝 2

노동경제학 강의를 수강하되 두꺼운 교수저보다는 적당히 두꺼운 강사저로 공부한다. 내용이 방대하여 지엽적인 부분까지 공부하기보다는 적절한 분량을 밀도 있게 공부하여 응용력을 키우는 게 중요하다. 김우탁 강사님의 교재가 두께가 적당하다고 생각하나 현재 수험 강의를 하시고 있지 않으니 적당한 교재를 고르도록 한다.

(3) 스텝 3

1~2 순환 강의를 들었다면 기본서 회독은 이제 그만하고 문제집 한 권을 선택하여 최대한 많이 반복적으로 풀어나간다. 수능 때 수학

공부와 비슷하다고 보면 된다. 공식을 암기해서 다양한 사례에 적용해 보는 연습을 하면 기억에도 오래 남고 응용력도 키울 수 있다.

교재는 김우탁 강사님의 120제가 좋다고 생각하나 현행화가 많이 되지 않고 강의가 없다는 단점이 있으므로 불안하다면 다른 강사님의 문제집을 구해 최대한 문제집을 많이 풀기를 권장한다.

(4) 스텝 4

문제집도 많이 회독하였다면 시험 전에는 모의고사를 구해 많이 풀어봐야 한다.

노동경제학의 경우 모의고사의 시험 적중률이 높다는 생각은 들지 않으나 그래도 그간 풀었던 문제집과 다른 새로운 문제들을 풀어볼 필요가 있다.

제14부

스텝 바이 스텝,
손해사정사를 취득해 보자

3. 제3 보험

1) 제3 보험 과목에 대하여

제3 보험의 경우 이론과 공식은 단순하나 실제로 문제를 풀다 보면 면책사유, 장해율 계산 등에서 실수를 반복하게 되어 자신감이 뚝뚝 떨어지게 되는 과목이다.

물론 강사들의 모의고사에 나오는 문제 난이도가 실제 기출 난이도보다 높으므로 실수를 많이 하는 건 자연스럽다. 하지만 실수가 잦음에 따른 자신감 하락과 불안감 상승은 어쩔 수 없으므로, 조금이라도 자신감을 높이고자 시험 치기 직전까지 많은 시간을 투입하여 문제를 풀고 기본교재를 회독해야 한다.

그런데 큰 변수가 발생하였다. 필자가 시험을 친 2024년도 시험부터 문제 유형과 출제 방향이 많이 달라졌다. 기존에는 장해율을 계산하는 문제, 약관을 단순히 묻는 문제, 실손보험료를 계산하는 문제였는데 2024년에 나온 문제들은 약관에 대한 이해를 바탕으로 문제 상황을 해결하는 논술형에 가까운 문제가 출제되었다.

일단은 그간의 출제 방향이 처음 바뀐 것이므로 앞으로는 어떻게 될지 확실히는 모르는 상황이기 때문에 기존의 공부방식을 버리기보다는 가지고 가면서 새로운 출제 방향의 공부도 추가하는 것이 안전하다.

2) 추천하는 교재 구성

① 기본이론 교재(필자는 윤금옥 강사저)

② 문제집(필자는 윤금옥 강사저)

③ 타 학원 모의고사

3) 단계별 공부 방법

(1) 스텝 1

제3 보험은 크게 표준약관, 장해, 실손보험 세 파트로 나누어진다. 내용들이 생소하므로 기본강의를 수강하는 동시에 기본서로 복습하고 세부적인 암기보다는 전체적인 흐름을 파악한다.

(2) 스텝 2

전체적인 흐름 파악을 통해 제3 보험에 대한 감이 잡히면 이제 본격적인 공부를 시작한다.

표준약관 파트의 경우 기본서를 중심으로 강사가 체크하는 중요한 내용들에 대해 암기하며 기본서를 반복 회독한다. 강사가 그리 중요하지 않다고 하는 세부적인 내용들은 시험 직전에 가서 몰아서 암기를 하면 되니 표준약관 파트 자체가 그렇게 양이 많지는 않다. 따라서 일단 세부적인 암기는 시험 전에 가서 하고 지금 초반에는 중요 내용에 집중하자.

장해 파트의 경우 장해율을 한 페이지 정도의 표로 2장 만들어서

1장은 책상에 항상 비치해 두고, 1장은 들고 다니면서 수시로 한 번씩 체크해 주며 암기한다. 일단 이 시기에는 기본교재에 있는 장해 파트의 장해 판단기준 등 세부 내용까지 암기하려면 양이 많아 버거우니 뼈대를 세운다는 마음으로 한 페이지짜리 장해율 표를 암기하는 데 주안점을 둔다.

2024년도 시험 전에는 장해율 계산 문제가 중요하게 출제되었으나 2024년도 시험에서 장해율 계산 문제가 매우 단순하게 출제되었고 또한 계산에 필요한 장해율 정보도 문제에서 주어졌기 때문에 난이도가 하락하였다. 이 때문에 기존 장해 파트 공부 방향의 수정이 필요하다는 목소리가 커졌다. 하지만 앞으로도 기존의 출제경향에서 완전히 변경될 거라 보기에는 예측이 어렵기 때문에 기존과 같은 장해율 암기 공부는 필요하다고 생각한다.

실손보험 파트의 경우 계산 공식들을 먼저 암기하고, 기본서에 있는 예시 문제를 풀어보는 연습을 한다. 초반에는 문제가 어려울 수 있지만 계산 공식을 암기만 하고 끝내는 것이 아니라 문제를 푸는 연습을 해야 기억이 더 오래간다.

면책사유에 대한 암기도 매우 중요하나 이외에도 공부해야 할 내용이 많으므로 일단은 예시 문제를 풀면서 나오는 면책사유 위주로 공부한다.

(3) 스텝 3

표준약관 파트의 경우 문제 출제 범위가 한정적이므로 미리 어떤 답을 적을지 정형화된 답에 대한 암기가 필요하다. 이유는 실제 시험장에 들어가면 시간이 촉박하므로 어떤 답을 적을지 고민을 많이 해 놓아야 실전에서도 신속하고 정확하게 답을 적을 수 있다. 문제집을 보면 표준약관별로 어떤 질문이 나올지, 어떤 답을 적어야 할지 나오므로 이 시기에는 기본서보다 문제집을 중심으로 공부한다.

장해 파트의 경우 기본서에 있는 각 장해의 판단기준에 대한 세부 내용들을 암기한다. 이 시기에는 한 페이지로 된 장해율 표는 거의 다 암기되어 있을 것이므로 이를 토대로 '살'을 붙이는 작업을 해야 한다. 장해의 판단기준 내용이 양도 많고 헷갈리기도 하겠지만 이 역시도 계속 반복하다 보면 시험 직전에 가서는 거의 다 암기되니 겁먹지 말고 외워나가자.

실손보험 파트의 경우 여전히 사례 문제를 반복해서 풀되, 이제는 급여, 비급여, 3대 비급여, 질병, 상해 별로 면책사유 등도 암기해야 한다.

(4) 스텝 4

모든 파트 공통으로 기본서, 문제집을 중심으로 공부하되 모의고사를 풀어나간다. 특히 장해 파트와 실손보험 파트의 경우 모의고사의 난이도가 매우 높은 편이기 때문에 틀리더라도 자신감을 잃지 말고 계속 공부하길 바란다.

4. 자동차보험

1) 자동차보험 과목에 대하여

자동차보험은 내용이 아주 난해하여 한숨 쉬게 만드는 과목으로 이해의 어려움 정도는 손해사정사뿐만 아니라 노무사 과목까지 통틀어서 제일 어려웠다.

노무사 시험과목이든 손해사정사 다른 과목이든 각각 어려운 부분이 있었지만 공부하면서도 '이해가 정말 도저히 안 된다'라는 부분은 거의 없었으나 자동차보험은 문제를 풀 때마다 수시로 그런 좌절감의 벽을 마주하였다.

그렇지만 너무 겁먹지는 않아도 된다. 결국은 전문 자격증 시험과목의 하나에 불과하고, 양치기로 암기와 문제 풀이를 반복하다 보면 어느 정도는 해결된다. 박세원 강사님이 강의 초반 때 사례 문제를 설명하며 '지금은 잘 못 풀고 어렵지만 시험 직전쯤 되면 적용해야 하는 보험, 면 · 부책 여부 판단은 다들 잘할 거다'라고 말씀을 하셨다. 그 당시에는 강사님이 괜히 용기를 주려고 의례적으로 하는 말이겠거니 하고 넘겼지만, 머리를 싸매며 문제를 많이 풀었고 좌절도 많이 하였지만 다행히 시험 직전에는 강사님의 말씀이 맞았구나, 라는 걸 깨달았다.

2) 추천하는 교재 구성

① 기본교재(필자는 박세원 강사저)

② 문제집(필자는 박세원 강사저)

③ 모의고사

3) 단계별 공부 단계

(1) 스텝 1

강의를 반드시 수강하고 기본서를 반복 회독하며 자동차보험에 대한 전체적인 감을 키운다.

다른 과목보다 이해가 쉽지 않을 것이므로 이해가 잘 안되는 부분이 있으면 완벽히 이해하려 하지 말고 일단은 넘기고 강의를 끝까지 들으며 전체 내용을 파악하는 것에 주안점을 둔다.

처음부터 꼼꼼하게 내용을 이해하고 암기하기보다는 전체 내용 파악이 중요하다. 이와 함께 박세원 강사님의 치트 키와 같은 요약 정리본을 수시로 보면서 자동차보험의 구조에 대해 숙지하도록 노력한다.

(2) 스텝 2

강사저 문제집, 기출문제, 모의고사를 구해서 사례문제들을 최대한 많이 풀어본다. 문제 풀이를 통해 자동차보험의 구조에 대해 암기하고 응용하다 보면 과목 이해도가 높아지고, 또한 자동차보험의 약술들 역시 별도로 암기하지 않더라도 문제 풀이 과정에서 자연스럽게 암기가 된다.

(3) 스텝 3

사례 문제를 그동안 열심히 풀었다면, 시험 직전에는 문제만 봐도 답은 틀리더라도 어떤 방향으로 내용을 작성해야 하는지 감이 온다. 대부분의 공부가 우상향하는 느낌이지만 자동차보험 과목은 꾸준히 우상향하는 것이 아니라 계단식으로 상승하는 느낌이었다. 즉, 문제를 많이 풀다 보면 어느 순간에 갑자기 실력이 확 상승하는 느낌이다. 이 말은 필자뿐 아니라 다른 분들의 합격 수기에서도 자주 나오는 얘기이다.

사례 문제가 어느 정도 잘 풀리고 나면 이제 약술 암기에 주력해야 한다. 자동차보험에서 약술은 책임 근재의 약술보다 특히나 더 '시험에서 출제자가 묻는 내용'을 적시하는 게 매우 중요하다. 책임 근재 약술 주제인 책임보험을 보면 포인트가 되는 핵심 내용이 비슷하므로 답안에 누락하기 쉽지 않으나, 자동차보험의 약술 주제는 대부분 다 상이한 내용이기 때문에 '시험에서 출제자가 묻는 내용'인 핵심 내용을 누락하기 쉽다.

이러한 핵심 내용을 빼먹지 않고 암기하고 답지에 적으려면 기본서의 주제별 목차를 암기하는 게 중요하다. 이는 노무사 과목인 행정쟁송법에서 핸드북 교재의 목차 위주 공부를 한 것과 비슷하다.

하지만 필자는 그동안 약술을 통문으로 읽고 암기하는 공부를 하였고, 목차 위주 공부를 해야 한다는 것을 시험 직전쯤 가서야 깨달았다. 그때에는 시간이 촉박하였기 때문에 목차 정리를 할 여유도 없었고 갑자기 공부 방법을 바꾸기도 어려워 정말 중요한 약술만 목차를 조금 암기하는 데 그쳤다.

다행히 합격했기 때문에 아쉬움이 크지는 않으나 만약 떨어졌다면 목차 정리를 하지 않은 것이 몹시 안타까웠을 것 같다. 그러니 이 책을 읽으시는 분들은 자동차보험 과목의 약술 문제 대비도 노동법, 책임 근재와 특히 행정쟁송법 과목과 같이 목차를 정리하고 암기해서 핵심 내용을 답안에 적시하는 연습을 하기 바란다.

(4) 스텝 4

강사 모의고사와 기출문제를 수차례 반복하며 문제에 적용되는 보험을 찾고, 면 · 부책 여부를 판단하는 실력을 키워 나간다. 사례문제 풀이를 하면서도 기본서의 약술 주제별로 목차 정리를 하되 핵심 내용까지 외워나간다.

다른 강사들은 모르겠으나 박세원 강사님 교재의 경우 분량이 많지 않기 때문에 직장병행인에게도 충분히 외울 수 있는 분량이므로 교재 전체 암기를 목표로 최대한 많은 부분을 외워야 한다.

출근도 하고
공부도 했다

초판인쇄 2025년 11월 28일
초판발행 2025년 11월 28일

지 은 이 김형준
펴 낸 이 채종준
펴 낸 곳 한국학술정보(주)
주 소 경기도 파주시 회동길 230(문발동)
전 화 031-908-3181(대표)
팩 스 031-908-3189
투고문의 ksibook1@kstudy.com
등 록 제일산-115호(2000. 6. 19)

ISBN 979-11-7457-324-7 03190

책에 대한 더 나은 생각, 끊임없는 고민, 독자를 생각하는 마음으로 보다 좋은 책을 만들어갑니다.